60 POETAS TRÁGICOS

Sergio Faraco

60 Poetas Trágicos

Texto de acordo com a nova ortografia.

Capa e ilustrações: Ivan Pinheiro Machado
Revisão: L&PM Editores

CIP-Brasil. Catalogação na publicação
Sindicato Nacional dos Editores de Livros, RJ.

S516

Faraco, Sergio, 1940-
  60 poetas trágicos / organização Sergio Faraco – 1. ed. – Porto Alegre, RS: L&PM, 2016.
  144 p. : il. ; 21 cm.

  ISBN 978-85-254-3439-5

  1. Poesia - Coletânea. I. Faraco, Sergio.

16-35705   CDD: 808.81
                             CDU: 82-1

© Sergio Faraco, 2016

Todos os direitos desta edição reservados a L&PM Editores
Rua Comendador Coruja, 314, loja 9 – Floresta – 90.220-180
Porto Alegre – RS – Brasil / Fone: 51.3225.5777 – Fax: 51.3221.5380
Pedidos & Depto. Comercial: vendas@lpm.com.br
Fale conosco: info@lpm.com.br
www.lpm.com.br

Impresso no Brasil
Primavera de 2016

O organizador agradece a colaboração que teve de Fernanda Valente de Souza, José Édil de Lima Alves, Rafael Bán Jacobsen e da Academia Rio-Grandense de Letras.

Sumário

Nota do organizador / 11

Cláudio Manuel da Costa / 12
Alvarenga Peixoto / 14
Tomás Antônio Gonzaga / 16
Domingos Martins / 18
Delfina Benigna da Cunha / 20
Natividade Saldanha / 22
Paulino da Fontoura / 24
José de Espronceda / 26
Mariano José de Larra / 28
Gonçalves Dias / 30
Álvares de Azevedo / 32
Junqueira Freire / 34
Paulo Eiró / 36
Fagundes Varela / 38
Antero de Quental / 40
Castro Alves / 42
José Martí / 44
Lobo da Costa / 46
Carvalho Junior / 48
Adelino Fontoura / 50
Fausto Cardoso / 52
José Asunción Silva / 54
Euclides da Cunha / 56
Camilo Pessanha / 58

Octávio Dornelles / 60
Batista Cepelos / 62
Andrade Neves Neto / 64
Aníbal Teófilo / 66
Francisca Júlia / 68
Leopoldo Lugones / 70
José Duro / 72
Luiz Pistarini / 74
Marcelo Gama / 76
Francisco Mangabeira / 78
José Albano / 80
Carlos Gondim / 82
Delmira Agustini / 84
Hermes Fontes / 86
Pery Mello / 88
Mário de Sá-Carneiro / 90
Gonçalves Vianna / 92
Arturo Borja / 94
Cruz Salmerón Acosta / 96
Alfonsina Storni / 98
Vivita Cartier / 100
Francisco Ricardo / 102
Ronald de Carvalho / 104
Galba de Paiva / 106
Florbela Espanca / 108
Alceu Wamosy / 110
Medardo Ángel Silva / 112
Ernani Chagas / 114
Federico García Lorca / 116
Moacir de Almeida / 118

Jaime Torres Bodet / 120
Francisco López Merino / 122
Carmen Cinira / 124
Odylo Costa Filho / 126
Dionísio Vilarinho / 128
Félix Araújo / 130

Obras consultadas / 132
O organizador / 137

Nota do organizador

Ao organizar esta coletânea de poetas que morreram tragicamente, estabeleci certos critérios para que o trabalho mantivesse o rumo do propósito original. Em primeiro lugar, certamente, a presença de tragicidade, assim entendida no caso de poetas suicidas ou assassinados, mais raramente daqueles que, por doença, tiveram suas existências dramaticamente abreviadas. Em segundo lugar, deveria incluir, com alguma exceção indispensável, poetas cujas obras se encontrassem em domínio público, critério que me salvaria de iniciativas fracassadas – que já as tive ao não localizar detentores de direitos autorais de autores falecidos. E em terceiro – *conditio sine qua...* –, seria um livro de sonetos, forma preferencial da grande maioria dos selecionados, em regra parnasianos e simbolistas, ainda que tal condição me obrigasse a abrir mão de uns quantos e admiráveis poetas. De resto, a coletânea trata de um sentimento doloroso – o sentimento da perda –, e como refletiu sobre o soneto um perito em termos literários, "os transes sentimentais parecem inerentes à sua natureza".

Não foram incluídos poetas cujas obras demandassem tradução.

Já se vê, então, que aqui não se supõe um arrolamento extensivo de tragédias que afetaram a história da poesia no mundo, mas uma veloz e intensa notícia do sofrimento humano expressada em registros biográficos de poetas de dez nacionalidades e, eventualmente, na amargura com que escreveram.

Sergio Faraco
Março de 2016

Cláudio Manuel da Costa

Estudou em Vila Rica e no Rio de Janeiro, diplomando-se em Leis em Coimbra em 1753. De volta a Vila Rica, advogou e ocupou cargos públicos. Foi autor de uma carta topográfica de Vila Rica. Em 1768, seu livro *Obras* foi editado em Coimbra. Traduziu o *Tratado da riqueza das nações*, de Adam Smith, e algumas obras poéticas. Envolvido no levante mineiro – embora apenas tivesse ouvido comentários a respeito –, foi preso na Casa dos Contos, confessou o que ouvira e de quem ouvira. Difícil dizer o que o desesperou, se a fraqueza emocional, se a vergonha do cárcere, se o medo da sentença, se o remorso por ter danado amigos, mas o desespero foi tamanho que o compeliu a um terrível suicídio, pendurado num armário e forçando uma prateleira com joelho e braço para que a laçada no pescoço apertasse mais. É um dos representantes de nosso arcadismo, talvez o menos característico entre eles, pois são acentuadas suas inflexões camonianas e de clássicos quinhentistas. Sua temática é mais portuguesa do que brasileira.

Quanto é preciosa a esperança

Cláudio Manuel da Costa

Já vão os meus cabelos imitando
do cisne as penas, e a enrugada testa
já mais sensivelmente manifesta,
que o termo de meus dias vem chegando.

Na lembrança dos erros soluçando
a morte se me finge tão funesta,
que este pequeno espaço, que me resta
me está continuamente atormentando.

Oh quem nunca soubera, que nascia
para acabar tão breve; e que este alento
a semente da morte em si trazia!

Mas um deus, que me rege o pensamento
pode fazer, que o prazo de um só dia
produza o meu maior contentamento.*

★ Ribeirão do Carmo (Mariana) – MG, 1729
✝ Vila Rica (Ouro Preto) – MG, 1789

---

* Este soneto permaneceu inédito até 1980, quando foi achado em Portugal por Pedro da Silveira e publicado na revista *Colóquio Letras*.

Alvarenga Peixoto

Graduou-se em Leis em Coimbra e foi juiz em Sintra antes de voltar para o Brasil e ser nomeado Ouvidor da Comarca do Rio das Mortes, cargo do qual se afastou para ser fazendeiro e minerador. Participou de conversas sobre o levante em Minas, foi preso e, em 1792, desterrado para Angola, onde logo morreu de uma febre tropical. Representante do arcadismo brasileiro, teve parte das obras extraviada quando lhe confiscaram os bens, e o que sobrou não o eleva ao patamar de outros árcades brasileiros. Já o soneto escolhido, um de seus melhores, pode ter sido emblemático de seu comportamento enquanto esteve preso na Fortaleza da Ilha das Cobras, no Rio de Janeiro, mas deixou de sê-lo no instante em que, transferido para a Cadeia Pública, ouviu a sentença. Revoltado – segundo o religioso que o assistiu –, recriminava a esposa, Bárbara Heliodora, por tê-lo impedido de denunciar os companheiros.

Eu não lastimo...

Alvarenga Peixoto

Eu não lastimo o próximo perigo,
uma escura prisão, estreita e forte;
lastimo os caros filhos, a consorte,
a perda irreparável de um amigo.

A prisão não lastimo, outra vez digo,
nem o ver iminente o duro corte;
que é ventura também achar a morte,
quando a vida só serve de castigo.

Ah, quem já bem depressa acabar vira
este enredo, este sonho, esta quimera,
que passa por verdade e é mentira!

Se filhos, se consorte não tivera,
e do amigo as virtudes possuíra,
um momento de vida eu não quisera.

★ Rio de Janeiro – RJ, 1744
† Ambaca – ANG, 1792

Tomás Antônio Gonzaga

A crítica reputa Gonzaga um dos poetas "mais equilibradamente neoclássicos" de nosso arcadismo. Veio para o Brasil com 7 anos, acompanhando o pai, que fora nomeado ouvidor em Pernambuco. Fez os primeiros estudos no Colégio da Bahia, concluídos com professor particular após a expulsão dos jesuítas. Em 1762, foi para Coimbra cursar Leis, formando-se em 1768. Voltou ao Brasil em 1782 como ouvidor em Vila Rica. Em 1789 já estava promovido a desembargador da Relação da Bahia e permanecia na capital de Minas aguardando a licença real para casar-se com Maria Dorotéa Joaquina de Seixas (a "Marília de Dirceu"). Preso oito dias antes do casamento, sob a acusação de participar da conjuração mineira, padeceu três anos no cárcere e foi sentenciado ao desterro em Moçambique. Seus depoimentos em juízo são uma aula de argumentação e dignidade, foi o único réu que não incriminou ninguém. Nunca mais veria a noiva.

Soneto

Tomás Antônio Gonzaga

Obrei quanto o discurso me guiava,
ouvi os sábios, quando errar temia;
aos bons no gabinete o peito abria,
na rua a todos como iguais honrava.

Julgando os crimes nunca voto dava
mais duro, ou pio do que a lei pedia;
mas podendo salvar o justo, ria,
e devendo punir o réu, chorava.

Nem foram, Vila Rica, os meus intentos
meter em férreo cofre cópia d'ouro,
que chegue aos filhos e que passe aos netos;

outras são as venturas que me agouro:
ganhei saudades, adquiri afetos,
vou fazer destes bens melhor tesouro.*

★ Porto – POR, 1744
† Ilha de Moçambique – MOZ, 1810

---

* Este soneto foi escrito por Tomás Antônio Gonzaga em 1788, quando findou seu mandato de ouvidor de Vila Rica.

Domingos Martins

Depois dos primeiros estudos na cidade natal, o poeta os continuou em Portugal. Mais tarde, tornou-se negociante em Londres, sócio de uma firma portuguesa. Ao retornar ao Brasil, trazia a consciência empolgada pelo iluminismo, influenciado, sobretudo, pelo general venezuelano Francisco Miranda, personagem decisivo nas lutas pela independência da Venezuela e outros países hispano-americanos. Encontrava-se em Fortaleza, representando a firma, quando Pernambuco, sob a inspiração liberalista das sociedades maçônicas, entrou em ebulição contra o absolutismo da monarquia e os gastos abusivos da família real. Eclodindo a Revolução de 1817, destacou-se como o comandante rebelde, ao lado de Frei Caneca e Antônio Carlos de Andrada e Silva. Foi constituído um governo provisório e proclamada a república. Derrotada a revolução após 75 dias, foi preso, levado para a Bahia e fuzilado.

Soneto

Domingos Martins

Meus ternos pensamentos, que sagrados
me fostes quase a par da Liberdade,
em vós não tem poder a iniquidade;
à esposa voai, narrai meus fados.

Dizei-lhe que nos transes apertados,
ao passar desta vida à eternidade,
ela d'alma reinava na metade
e com a Pátria partia-lhe os cuidados.

A Pátria foi o meu nume primeiro,
a esposa depois o mais querido
objeto de desvelo verdadeiro;

e na morte entre ambas repartido,
será de uma o suspiro derradeiro,
será de outra o último gemido.

★ Itapemirim – ES, 1781
† Salvador (Campo da Pólvora) – BA, 1817

Delfina Benigna da Cunha

Aos 20 meses, a varíola apagou para sempre a luz de seus olhos, mas Delfina teve educação esmerada. Aos 12 anos escreveu o primeiro poema. Com a morte do pai, em 1825, ficou desassistida, mas obteve uma pensão vitalícia de D. Pedro I. Em 1834, estreou em livro, um dos primeiros impressos na Província de São Pedro. Ao iniciar-se a Revolução Farroupilha, migrou para o Rio de Janeiro e escreveu poemas contra Bento Gonçalves. No final da década, o Cônego Januário da Cunha Barbosa a incluiu no *Parnaso Brasileiro*, uma das primeiras antologias poéticas editadas no país. Foi colaboradora de publicações literárias, habitué de saraus cariocas e ali conheceu o escritor português também cego Antônio Feliciano de Castilho, que elogiou seus versos. À buliçosa vida social contrapunham-se, em sua obra, a profunda tristeza e não raro o desespero face às limitações impostas pela doença. O professor Guilhermino César entende que, afora os poemas de ocasião, sua temática é a dos românticos, com nuanças arcádicas.

Soneto

Delfina Benigna da Cunha

Vinte vezes a lua prateada
inteiro rosto seu mostrado havia,
quando terrível mal que já sofria
me tornou para sempre desgraçada.

De ver o sol e o céu sendo privada,
cresceu a par de mim a mágoa ímpia;
desde então a mortal melancolia
se viu em meu semblante debuxada.

Sensível coração deu-me a natura,
e a fortuna, cruel sempre comigo,
me negou toda sorte de ventura.

Nem sequer um prazer breve consigo;
só para terminar minha amargura
me aguarda o triste, sepulcral jazigo.

★ São José do Norte – RS, 1791
✝ Rio de Janeiro – RJ, 1857

Natividade Saldanha

Mestiço, filho de um padre e de uma mulata, durante a revolução pernambucana de 1817 foi para Coimbra e lá, em 1823, diplomou-se em Leis. No ano seguinte, já de volta ao Brasil e com escritório de advocacia em Recife, foi condenado à morte por participação na Confederação do Equador, revolta contra o absolutismo de D. Pedro I e sua constituição. Fugiu para os Estados Unidos, mas não quis permanecer ali por causa dos preconceitos de cor que enfrentou. Esteve na França, de onde foi expulso dada a sua condenação no Brasil, em seguida na Inglaterra, depois na Venezuela – onde conheceu Simón Bolívar e publicou um livro, *Discurso sobre a tolerância* (1826) –, e por fim na Colômbia, onde viveu pobremente de aulas particulares. Morreu em Bogotá aos 34 anos, afogado numa vala num dia de grande tempestade. Poeta, era um pré-romântico, ou seguidor tardio do arcadismo.

Soneto

Natividade Saldanha

Se no seio da pátria carinhosa,
onde sempre é fagueira a sorte dura,
inda lembras, e lembras com ternura,
os meigos dias da união ditosa;

se entre os doces encantos de que goza
teu peito divinal, tua alma pura,
suspiras por um triste e sem ventura
que vive em solidão cruel, penosa;

se lamentas com mágoa a minha sorte,
recebe estes meus ais, ó minha amante,
talvez núncios fiéis da minha morte.

E se mais nos não virmos, e eu distante
sofrer da parca dura o férreo corte:
amou-me, dize então, morreu constante.

★ Santo Amaro do Jaboatão – PE, 1796
✝ Bogotá – COL, 1830

Paulino da Fontoura

Tornou-se conhecido como poeta repentista, com tendência à crítica ferina. Político, revolucionário, participou da reunião que deu início à Revolução Farroupilha, em 18 de setembro de 1835, na Loja Maçônica Philantropia e Liberdade, em Porto Alegre. Eleito vice-presidente quando da proclamação da República em Piratini, foi suplente na Constituinte de 1842, em Alegrete, à qual se opunha Bento Gonçalves. Alvejado da janela de um casarão na Rua Vasco Alves, nº 23, em Alegrete, morreu dias depois. O crime foi atribuído a Bento Gonçalves, causando uma cisão entre os líderes do movimento. De um lado, Domingos José de Almeida e Bento Gonçalves. De outro, Onofre Pires e o irmão do morto, Vicente da Fontoura. Essa cisão, em seus desdobramentos, resultou no duelo em que Bento Gonçalves, em 1844, feriu de morte seu primo Onofre Pires. Mais tarde Vicente revelou que o assassino de seu irmão tinha sido um marido enganado.

SEBASTIÃO XAVIER DO AMARAL SARMENTO MENA*

Paulino da Fontoura

Inspira-me, ó Calíope sonora
versos dignos de assunto sublimado,
p'ra ofertá-los a um jovem respeitado,
que à pátria ilustra e à virtude adora.

Exulta, ó Rio Pardo; vês agora
no seio teu, esse Amaral honrado,
das musas e de Marte aluno amado,
e em cujo peito a liberdade mora.

Eu te celebro, ó Amaral prudente,
da nobre pátria filho esclarecido,
humano, justo, liberal, valente.

Teu nome ao templo d'honra tenho erguido
e onde quer que eu viver, constantemente,
terás nos versos meus louvor subido.

★ Rio Pardo – RS, 1802
† Alegrete – RS, 1843

---

* O homenageado é outro prócer da Revolução Farroupilha, conterrâneo do poeta.

José de Espronceda

Fez os primeiros estudos em Madri. Aos 15, fundou uma sociedade secreta de inspiração liberal. Descoberto, foi desterrado. Aos 19, em Portugal, enamorou-se de uma espanhola, Teresa Mancha, cujo pai também emigrara. Dali seguiu para a Inglaterra, onde Teresa já estava. Paupérrimo, o pai dela a obrigou a casar-se com um rico comerciante. O poeta, então na França, participou das barricadas liberais de 1830, que derrubariam os Bourbons. Teresa e o marido viajaram para Paris e, na chegada, ela fugiu do hotel para encontrar o antigo namorado e retornar à Espanha com ele, que aproveitava a anistia decretada por morte de Fernando VII (1833). Nos anos seguintes, dedicou-se à política e ao jornalismo. Em 1838 a mulher o abandonou, causando-lhe profunda depressão. Em 1840, seu livro *Poesías* alcançou grande sucesso. Eleito deputado em 1842, no mesmo ano, quando já amava novamente, faleceu na véspera do casamento com Bernarda de Beruete, de crupe diftérico. Um dos grandes nomes do romantismo espanhol, seu enterro provocou consternação popular e foi um ato multitudinário.

Rosas y esperanzas

José de Espronceda

Fresca, lozana, pura y olorosa,
gala y adorno del pensil florido,
gallarda puesta sobre el ramo erguido,
fragancia esparce la naciente rosa.

Mas si el ardiente sol lumbre enojosa
vibra del can en llamas encendido,
el dulce aroma y el color perdido,
sus hojas lleva el aura presurosa.

Así brilló un momento mi ventura
en alas del amor, y hermosa nube
fingí tal vez de gloria y de alegría.

Mas, ay, que el bien trocóse en amargura,
y deshojada por los aires sube
la dulce flor de la esperanza mía.

★ Almendralejo – ESP, 1808
✝ Madri – ESP, 1842

Mariano José de Larra

Romancista, dramaturgo e poeta, é um dos expoentes do romantismo espanhol, ao lado de José de Espronceda e Rosalía de Castro. Como jornalista, exerceu grande influência na sociedade e na política espanholas. Fez seus primeiros estudos em Paris, durante o exílio dos pais. Ao iniciar sua vida universitária, andou sumido por se tornar amante da amante de seu pai. Casou-se em 1829, mas pouco depois iniciou um affaire com uma mulher casada, Dolores Armijo, ao mesmo tempo em que se separava da esposa grávida. Abandonado por Dolores em 1834, visitou Portugal, Inglaterra, França e Bélgica. Em Paris, conheceu Victor Hugo e Alexandre Dumas. Tentou várias vezes, em vão, reconciliar-se com Dolores. Em 1837, ela o visitou em Madri e lhe garantiu que não havia reconciliação possível. Quando ela foi embora, ele se suicidou com um tiro na têmpora. O poeta Antonio Machado escreveria cem anos depois que a decepção de Larra com a conjuntura espanhola teria concorrido para o desatinado gesto.

A UNA HERMOSA QUE DIO EN HACER BUENOS VERSOS

Mariano José de Larra

¿No te bastan los rayos de tus ojos,
de tu mejilla la purpúrea rosa,
la planta breve, la cintura airosa,
ni el suave encanto de tus labios rojos?

¿Ni el seno que a Ciprina diera enojos,
ni esa tu esquiva condición de esposa,
que también nuestras armas, Nise hermosa,
coges para rendir nuevos despojos?

¿A celebrar de tantos amadores
ingrata el fin acerbo te previenes
que a manos morirán de tus rigores?

Ya que en tus redes nuestras almas tienes,
la lira déjanos, ya que no amores,
para cantar al menos tus desdenes.

★ Madri – ESP, 1809
✝ Madri – ESP, 1837

Gonçalves Dias

Considerado um dos maiores poetas do Brasil não só da fase romântica, mas de todos os tempos, diplomou-se em Direito em Coimbra e, de volta à pátria, foi professor de Latim e História do Brasil no Colégio D. Pedro II, além de ser encarregado de missões oficiais pelo imperador. Em 1852 teve uma grande desilusão. Apaixonado por uma jovem maranhense, pediu-a em casamento, mas a família dela se opôs porque o poeta era mestiço, filho de um comerciante português com uma cafuza. O episódio renderia um comovido poema, "Ainda uma vez adeus". Em 1862, foi buscar na Europa tratamento para seus pulmões. Dois anos depois, quando regressava já desenganado, como passageiro do *Ville de Boulogne*, o vapor afundou na costa do Maranhão. A marinhagem tratou de se salvar e esqueceu o poeta, que morreu afogado em sua cabine de doente e foi a única vítima do naufrágio.

Soneto

Gonçalves Dias

Baixel veloz, que ao úmido elemento
a voz do nauta experto afoito entrega,
demora o curso teu, perto navega
da terra onde me fica o pensamento!

Enquanto vais cortando o salso argento,
desta praia feliz não se desprega
(meus olhos, não, que amargo pranto os rega)
minha alma, sim, e o amor que é meu tormento.

Baixel, que vais fugindo despiedado
sem temor dos contrastes da procela,
volta ao menos, qual vais tão apressado.

Encontre-a eu gentil, mimosa e bela!
E o pranto que ora verto amargurado,
possa eu então verter nos lábios dela!

★ Caxias – MA, 1823
✝ No mar, perto de Guimarães – MA, 1864

ÁLVARES DE AZEVEDO

Das mais altas vozes do romantismo brasileiro, fez estudos secundários no Colégio D. Pedro II, no Rio de Janeiro, e aos 16 anos, em São Paulo, entrou para a Faculdade de Direito, que não concluiria. Pelos versos que escreveu, pelos costumes dos autores coevos, era tido como grande amante e beberrão, mas suas cartas sugerem que a vida amorosa e a boemia eram questões literárias e seu dia a dia era metódico, consagrado aos estudos, donde se explica tão invulgar cultura em tão pouca idade. Com 20 anos veio a falecer, em decorrência de perfuração intestinal em acidente cirúrgico. Outra versão indica que era portador de tuberculose pulmonar e grave lesão na fossa ilíaca, derivada de uma queda de cavalo. Foi o primeiro a morrer entre nossos principais poetas românticos, inaugurando aquilo que alguém chamou "a escola de morrer cedo". No ano seguinte, a publicação de *Lira dos vinte anos* lhe proporcionou reconhecimento nacional.

Soneto

Álvares de Azevedo

Pálida à luz da lâmpada sombria,
sobre o leito de flores reclinada,
como a lua por noite embalsamada,
entre as nuvens do amor ela dormia!

Era a virgem do mar, na escuma fria
pela maré das águas embalada!
Era um anjo entre nuvens d'alvorada
que em sonhos se banhava e se esquecia!

Era mais bela! o seio palpitando...
Negros olhos as pálpebras abrindo...
Formas nuas no leito resvalando...

Não te rias de mim, meu anjo lindo!
Por ti – as noites eu velei chorando,
por ti – nos sonhos morrerei sorrindo!

★ São Paulo – SP, 1831
✝ Rio de Janeiro – RJ, 1852

Junqueira Freire

Aos 19 anos, no ápice de intensos conflitos íntimos, este representante do nosso romantismo decidiu ingressar na Ordem Beneditina. Após dois anos de contrariedades, angústias e martírios no Mosteiro de São Bento, na Bahia, em 1853 solicitou a secularização, que lhe permitia abster-se da severidade monástica, embora permanecesse sacerdote por ter feito votos perpétuos. E voltou para casa. Se a vida claustral tinha feito mal ao homem, fez bem ao poeta, haja vista a trágica força dos versos que produziu na abordagem de temas que o desesperavam, como o horror da vida celibatária, os desejos reprimidos, a revolta contra o mundo e o arrependimento por ter feito votos que o aprisionavam. Mas o poeta era cardíaco e morreu com apenas 23 anos. Sua poesia foi injustamente esquecida e só começou a despertar interesse em 1917, quando o poeta Humberto de Campos, pela imprensa, condenou energicamente a conspiração de silêncio em torno de seu nome.

Soneto

Junqueira Freire

Arda de raiva contra mim a intriga,
morra de dor a inveja insaciável;
destile seu veneno detestável
a vil calúnia, pérfida inimiga.

Una-se todo, em traiçoeira liga,
contra mim só, o mundo miserável.
Alimente por mim ódio entranhável
o coração da terra que me abriga.

Sei rir-me da vaidade dos humanos;
sei desprezar um nome não preciso;
sei insultar uns cálculos insanos.

Durmo feliz sobre o suave riso
de uns lábios de mulher gentis, ufanos;
e o mais que os homens são, desprezo e piso.

★ Salvador – BA, 1832
✝ Salvador – BA, 1855

Paulo Eiró

Adolescente, apaixonou-se por uma prima, que foi sua primeira e única musa. Dos 15 aos 25, quando ainda mantinha a lucidez, produziu sua obra poética, cursou durante algum tempo a Faculdade de Direito e estudou latim, grego, alemão, francês, tupi, astronomia, filosofia e história. Ao saber que a prima se casaria, começou a ter crises de alheamento. Um dia, voltando a São Paulo após viagem que fizera a Mariana, notou certa movimentação na igreja da Praça da Sé e foi olhar. Era justamente o casamento da prima (e este soneto reconstitui sua decepção). As crises, então, tornaram-se frequentes, e em 1866 a família o internou no Hospício dos Alienados, onde veio a falecer pouco depois, de meningite. Na capital paulista, há um teatro com seu nome.

Fatalidade

Paulo Eiró

Que vista! O sangue se afervora e escalda!
Por que impulso fatal fui hoje à igreja?
Quer meu destino que, ao entrar, lá veja
noiva gentil de cândida grinalda.

Nos olhos sem iguais, cor de esmeralda,
lume de estrelas, plácido, lampeja:
seu branco seio de ventura arqueja;
louros cabelos rolam-lhe da espalda.

Hora de perdição! Sim, adorei-a;
não tive horror, não tive sequer medo
de cobiçar uma mulher alheia.

Unem as mãos; o órgão reboa ledo;
em alvas espirais, o incenso ondeia...
E eu só, longe do altar, choro em segredo!

★ Santo Amaro – SP, 1836
✝ São Paulo – SP, 1871

Fagundes Varela

Depois de residir e estudar em pequenas cidades fluminenses onde o pai era juiz, matriculou-se, em 1862, na Faculdade de Direito de São Paulo. No mesmo ano se casou com uma artista de circo, escandalizando sua família conservadora. Com a morte prematura do filho, a má saúde da esposa e as agruras da subsistência, recorreu ao álcool e sua vida se desregrou. Em 1865, o pai o enviou para Recife e lá cursou o 3º ano do Direito, mas com a morte da esposa, que ficara em São Paulo, retornou e, entre uma bebedeira e outra, inscreveu-se no 4º ano. Logo desistiu e, em 1866, voltou a morar com os pais. Em 1869 casou-se com uma prima, com a qual teve duas meninas e outro menino, que também faleceu. Já residia em Niterói, onde morreria aos 33 anos de apoplexia. Nome celebrado de nosso romantismo, era um poeta eclético. Segundo o professor Celso Luft, era naturista e indianista como Gonçalves Dias, byroniano como Álvares de Azevedo e poeta social como Castro Alves.

Visões da noite

Fagundes Varela

Passai, tristes fantasmas! O que é feito
das mulheres que amei, gentis e puras,
umas devoram negras amarguras,
repousam outras em marmóreo leito!

Outras no encalço de fatal proveito
buscam à noite as saturnais escuras,
onde empenhando as murchas formosuras
ao demônio do ouro rendem preito!

Todas sem mais amor, sem mais paixões!
Mais uma fibra trêmula e sentida!
Mais um leve calor nos corações!

Pálidas sombras de ilusão perdida,
minh'alma está deserta de emoções,
passai, passai, não me poupeis a vida!

★ Rio Claro – RJ, 1841
† Niterói – RJ, 1875

ANTERO DE QUENTAL

Ele foi o primeiro poeta do realismo em Portugal e reputado um dos maiores sonetistas portugueses de todos os tempos. Fez o curso de Direito em Coimbra e foi tipógrafo em Lisboa e Paris, para divulgar, como operário, suas ideias socialistas. Em 1865 foi um dos debatedores na Questão Coimbrã, em que se enfrentaram paladinos da escola romântica de Lisboa, capitaneados por Antônio Feliciano de Castilho, e os da escola realista de Coimbra, que Antero liderava, polêmica que só terminou na cidade do Porto com o duelo a espada entre Antero e Ramalho Ortigão. Em 1868 participou do Cenáculo, grupo de intelectuais – Eça de Queirós, Guerra Junqueiro, Ramalho Ortigão *et alii* – que se rebelavam contra instituições da sociedade portuguesa. Foi o fundador do Partido Socialista Português. Em 1874 começou a ter sintomas de depressão. Em 1891, de volta aos Açores, já não suportava as contínuas perturbações psíquicas e, em 11 de setembro, às oito horas da noite, num banco defronte ao muro do Convento de Nossa Senhora da Esperança, detonou a arma contra o céu da boca.

Divina Comédia

Antero de Quental

Erguendo os braços para o céu distante
e apostrofando os deuses invisíveis,
os homens clamam: – Deuses impassíveis,
a quem serve o destino triunfante,

por que é que nos criastes?! Incessante
corre o tempo e só gera, inextinguíveis,
dor, pecado, ilusão, lutas horríveis,
num turbilhão cruel e delirante...

Pois não era melhor na paz clemente
do nada e do que ainda não existe,
ter ficado a dormir eternamente?

Por que é que para a dor nos evocastes?
Mas os deuses, com voz inda mais triste,
dizem: – Homens, por que é que nos criastes?

★ Ponta Delgada (Açores) – POR, 1842
✝ Ponta Delgada (Açores) – POR, 1891

Castro Alves

Fez os estudos secundários na Bahia e entrou para a Faculdade de Direito do Recife em 1864. No ano seguinte andou entre Recife e Salvador com Fagundes Varela. A paixão pela atriz Eugênia Câmara, da qual torna-se amante em 1866, leva-o a trocar Recife por Salvador, onde, em 1867, faz representar a peça *Gonzaga e a revolução de Minas*. Segue com Eugênia para São Paulo e ali se matricula na Faculdade de Direito (1868). Termina a relação amorosa com a atriz. No fim do ano, caçando, fere-se no pé com um tiro de espingarda. No Rio de Janeiro é procedida à amputação, sem anestesia. Em 1870, regressa enfermo à Bahia – a tuberculose se manifestara em 1863, quando teve a primeira hemoptise –, levando *Espumas flutuantes*, obra publicada no mesmo ano. Piora seu estado e, depois de breves aparições públicas, morre aos 24 anos, num período de grande produção e de crescente admiração popular. Sua poesia é de extração romântica social e também se convencionou chamá-la "condoreira", em função do estro audacioso.

Marieta*

Castro Alves

Como o gênio da noite, que desata
o véu de rendas sobre a espada nua,
ela solta os cabelos... Bate a lua
nas alvas dobras de um lençol de prata.

O seio virginal que a mão recata,
embalde o prende a mão... cresce, flutua...
Sonha a moça ao relento... Além na rua
preludia um violão na serenata.

Furtivos passos morrem no lajedo...
Resvala a escada do balcão discreta...
matam lábios os beijos em segredo...

Afoga-me os suspiros, Marieta!
Ó surpresa! Ó Palor! Ó Pranto! Ó Medo!
Ai, noites de Romeu e Julieta!...

★ Curralinho – BA, 1847
✝ Salvador – BA, 1871

---

* O soneto é parte de um poema intitulado "Os anjos da meia-noite" (1ª sombra).

José Martí

Herói da independência cubana, filho de pais espanhóis, já aos 16 anos era preso por distribuir papéis subversivos e, aos 18, deportado para a Espanha, onde cursou Direito Civil e Filosofia. Foi professor de literatura na Guatemala e regressou a Cuba em 1878, logo reiniciando as atividades políticas. Após um levante fracassado em Santiago de Cuba, de que resultou nova deportação, fixou residência em Nova York e se fez conhecer no continente como articulista de grandes jornais sul-americanos. Criou, em 1892, o Partido Revolucionário Cubano. Em 1894, falhou um levante que havia organizado. No ano seguinte, voltou a Cuba para deflagrar a guerra da independência, mas teve um inesperado encontro com soldados espanhóis e foi ferido mortalmente com três disparos (e três anos antes da vitória da revolução, em 1898). Como poeta, foi um precursor do movimento modernista na América hispânica. Os sonetos são raros em sua obra.

A Adelaida Baralt

José Martí

Ayer, linda Adelaida, en la pluviosa
mañana, vi brillar un soberano
árbol de luz en flor – ¡ay! un cubano
floral –, nave perdida en mar brumosa.

Y en sus ramas posé como se posa,
loco de luz y hambriento de verano,
un viejo colibrí, sin pluma y cano
sobre la rama de un jazmín en rosa.

¡Mas parto, el ala triste! cruzo el río,
y hallo a mi padre audaz, nata y espejo
de ancianos de valor, enfermo y frío.

De nostalgia y de lluvia: ¿cómo dejo
por dar, linda Adelaida, fuego al mío,
sin fuego y solo el corazón del viejo?

★ Havana – CUB, 1853
✝ Dos Ríos – CUB, 1895

Lobo da Costa

Importante nome do romantismo rio-grandense, segundo Guilhermino César era um poeta inculto, mas tinha bom gosto e senso melódico. Foi jornalista e teatrólogo. Após uma desilusão amorosa foi para São Paulo cursar Direito, mas não o fez. Publicou um livro e decaiu na boemia e alcoolismo. De volta a Pelotas, persistiu em seu desregramento. Casou-se em 1879 e perambulou por algumas cidades até ser internado na Santa Casa de Misericórdia de Pelotas, em estado de debilitação. Em 1883, foi barrado no Teatro Sete de Abril por estar embriagado, com aspecto doentio e andrajoso. Em 1888 saiu o seu segundo livro de poesia, outros se perderam. Amigos fizeram uma campanha para socorrê-lo na volta ao hospital, mas ele fugiu para beber e, no dia seguinte, foi encontrado morto e nu, em sarjeta tomada pela água da chuva. Ladrões tinham furtado todos os seus pertences. Outra versão assegura que chegou a ser levado com vida ao hospital. Um final tão deplorável quanto o de Edgar Allan Poe.

A última confissão de Eugênia Câmara

Lobo da Costa

O padre era um tipo venerando
mais pálido que o mármore de Carrara,
ela a seus pés – de uma beleza rara –
tinha os olhos no chão, o seio arfando.

Deserto estava o templo, porém, quando
a voz do sacerdote se escutara,
abriu-se a porta da secreta ara
e um arcanjo de luz passou chorando.

– Crê em Deus, minha filha? – Eu o idolatro.
– De que se acusa? Que pecado há feito?
– Meu padre, perdoai-me, eu tenho quatro!

– Credo em cruz! – brada o velho, a mão no peito.
– Amo a glória, o prazer, amo o teatro
e Castro Alves morreu por meu respeito!

★ Pelotas – RS, 1853
† Pelotas – RS, 1888

Carvalho Junior

Bacharelou-se em Direito em 1877. No ano seguinte foi promotor público em Angra dos Reis e, em 1879, juiz municipal no Rio de Janeiro. No mesmo ano foi publicado seu único livro, *Parisina*. Era colaborador do jornal paulistano *A República*. Foi um dos nossos primeiros parnasianos, oposto aos românticos por um traço que um crítico chamou de realismo urbano. Ele chocou os contemporâneos pelo naturalismo com que abordava temas eróticos, mas não chocou quem era sábio: foi elogiado por Machado de Assis, que comentou seus sonetos no livro *Crítica*, nos seguintes termos: "Nunca, em nenhum outro poeta nosso, apareceu essa nota violenta, tão exclusivamente carnal (...). Crus em demasia são os seus quadros; mas não é comum aquele vigor, não é vulgar aquele colorido". E conclui: "Um poeta de raça".* Carvalho Junior é o nosso Baudelaire. Esse poeta soberbo morreu quando era pouco mais do que um menino e nos legou apenas duas dúzias de poemas.

---

* ASSIS, Machado de. *Crítica e variedades*. São Paulo: Globo, 1997. p.38 e seguintes.

Après le combat

Carvalho Junior

Quando, pela manhã, contemplo-te abatida,
amortecido o olhar e a face descorada,
imersa em languidez profunda, indefinida,
o lábio ressequido e a pálpebra azulada,

relembro as impressões da noite consumida
na lúbrica expansão, na febre alucinada
do gozo sensual, frenético, homicida,
como a lâmina aguda e fria de uma espada.

E ao ver em derredor o grande desalinho
das roupas pelo chão, dos móveis no caminho,
e o budoar enfim do caos um fiel plágio,

suponho-me um herói da velha antiguidade,
um marinheiro audaz após a tempestade,
tendo por pedestal os restos dum naufrágio!

★ Rio de Janeiro – RJ, 1855
✝ Rio de Janeiro – RJ, 1879

Adelino Fontoura

Um dos iniciadores do parnasianismo brasileiro, ao concluir o curso primário na terra natal continua os estudos em São Luís e se emprega num armazém, fazendo amizade com Artur Azevedo, que trabalha na vizinhança. Aos 17 anos, participa de peças teatrais, mas ao se transferir para o Rio de Janeiro desiste do teatro e se torna redator do jornal *A Gazetinha*, do amigo Artur Azevedo. É o período da boemia desbragada na Rua do Ouvidor, com outros poetas. Chega a passar fome e, às vezes, não tem onde dormir. Publica seus poemas na imprensa. Na mesma época se apaixona pela prima de um amigo, sem ser correspondido. Em 1882, é contratado pela *Gazeta da Tarde*, de José do Patrocínio. Já está doente, devastado pelo álcool e pela tuberculose. Em 1883 vai a Paris para tratar da saúde e coincide que, no mesmo vapor, embarca sua musa recém-casada, em lua de mel. De Paris vai a Lisboa, mas a doença avança e ele morre com apenas 25 anos. Nunca publicou livro, sua obra sobrevive por ter aparecido numa revista acadêmica.

FRUTO PROIBIDO

Adelino Fontoura

Escravo dessa angélica meiguice
por uma lei fatal, como um castigo,
não abrigara tanta dor comigo,
se este afeto que sinto não sentisse.

Que te não doa, entanto, isto que digo
nem as magoadas falas que te disse.
Não tas dissera nunca, se não visse
que por dizê-las minha dor mitigo.

Longe de ti, sereno e resoluto,
irei morrer, misérrimo, esquecido,
mas hei de amar-te sempre, anjo impoluto.

És para mim o fruto proibido:
não pousarei meus lábios nesse fruto;
mas morrerei sem nunca ter vivido.

★ Axixá – MA, 1859
† Lisboa – POR, 1884

Fausto Cardoso

Advogado, filósofo e grande tribuno, foi promotor público e manteve intensa atividade política, de inspiração republicana. Deputado federal já em segundo mandato, liderou em 1906 a revolta contra a oligarquia conservadora que dominava Sergipe e cujo cabeça era o senador Olímpio Campos. Deposto o presidente do estado, Guilherme Campos, os rebeldes tomaram o palácio. Os situacionistas solicitaram intervenção federal, e o presidente Rodrigues Alves enviou a Aracaju tropas estacionadas na Bahia, que sufocaram o movimento. O poeta foi assassinado na escadaria do palácio por um tiro de carabina do ajudante de ordens do General Firmino Rego, comandante das tropas de assalto. Antes do fim do ano, numa praça do Rio de Janeiro, os filhos do poeta vingaram o pai, matando Olímpio Campos com onze tiros e duas facadas. Em 1912 foi inaugurada na principal praça de Aracaju a estátua desse poeta romântico – obra do italiano Lorenzo Petrucci –, em cuja base ele está sepultado.

Amor

Fausto Cardoso

Eu sou o Amor, o deus que a terra inteira gaba!
Vivo enlaçado em sóis pelo universo inteiro afora,
dos ódios expurgando a venenosa baba,
que os mundos desagrega, espalha e desarvora.

O tempo tudo avilta; a morte tudo acaba;
e o louro sol jamais a murcha flor colora;
novos mundos, porém, do mundo que desaba,
faço surgir e salto em rutilante aurora!

Causo estrelas no céu e corações na terra;
da treva arranco luz; do nada arranco vida,
e crivo de vulcões o gelo que a alma encerra!

Mudam-te o peito em mar meus lúbricos desejos,
e tua mente ondeia e fulge colorida,
como raios de luz em vergéis de beijos!

★ Divina Pastora – SE, 1864
✝ Aracaju – SE, 1906

José Asunción Silva

Este poeta colombiano foi um prodígio: aos dois anos, sabia ler e escrever. Cresceu em ambiente propício, o pai, além de lojista, era escritor. Concluídos os estudos secundários, em 1884 foi a Paris, onde visitou Mallarmé, e viajou pela Europa, retornando a Bogotá em 1885. Com a morte do pai, em 1887, assumiu os negócios da família, já em decadência e com grandes dívidas. Quando morreu a irmã Elvira, não tinha recursos para pagar o enterro e já perdera todos os bens, em decorrência de ações judiciais. Contudo, foi nesse período que mais escreveu. Nomeado secretário da embaixada na Venezuela, era já um poeta de renome. Sem condições de sustentar-se, regressou por mar, e no naufrágio do vapor perdeu os originais de dois livros. Montou uma empresa para fabricar lajotas, que logo fracassou. Desesperado, matou-se aos 30 anos com um tiro no coração. Teria sido ele, e não Rubén Darío, o precursor do modernismo na América hispânica.

A Adriana*

José Asunción Silva

Mientras que acaso piensa tu tristeza
en la patria distante y sientes frío
al mirar donde estás, y el desvarío
de la fiebre conmueve tu cabeza,

yo soñando en tu amor y en tu belleza,
amor jamás por mi desgracia mío
de la profundidad de mi alma, envío
a la pena un saludo de terneza.

Si cuando va mi pensamiento errante
a buscarte en parejas de otro mundo
con la nostalgia se encontrara a solas

sobre las aguas de la mar gigante
entre el cielo purísimo y profundo
y el vaivén infinito de las olas.

★ Bogotá – COL, 1865
✝ Bogotá – COL, 1896

---

* Soneto escrito aos 18 anos.

Euclides da Cunha

Teve inúmeras ocupações, mas a que o imortalizou foi a de escritor, com a obra *Os sertões*. Também era poeta, e sua poesia, no juízo de quem a estudou, apresenta diversidade de formas e estilos que iam sofrendo alterações ao longo de sua vida. Não terão sofrido muitas, já que viveu tão pouco. Ele morreu quando se dispôs a enfrentar o amante de sua esposa, o tenente porto-alegrense Dilermando de Assis, e foi procurá-lo no bairro da Piedade. Houve troca de tiros, Dilermando e seu irmão Dinorah foram atingidos, mas Euclides levou a pior. A Tragédia da Piedade, como o drama passou a ser lembrado, não se esgotou naquele ano. Em maio de 1916, um dos filhos do escritor foi assassinado no Acre. Dois meses depois, um outro filho tentou vingar o pai, disparando contra Dilermando num cartório do Rio de Janeiro, mas o oficial, embora ferido, revidou e o matou. Em 1921, suicidou-se Dinorah, que em 1909 era jogador de futebol do Botafogo e se tornara hemiplégico ao ser alvejado por Euclides.

Se acaso uma alma...

Euclides da Cunha

Se acaso uma alma se fotografasse
de sorte que, nos mesmos negativos,
a mesma luz pusesse em traços vivos
o nosso coração e a nossa face,

e os nossos ideais, e os mais cativos
de nossos sonhos... Se a emoção que nasce
em nós, também nas chapas se gravasse
mesmo em ligeiros traços fugitivos...

Amigo! Tu terias com certeza
a mais completa e insólita surpresa
notando deste grupo bem no meio

que o mais belo, o mais forte, o mais ardente
destes sujeitos é precisamente
o mais triste, o mais pálido, o mais feio.

★ Cantagalo – RJ, 1866
✝ Rio de Janeiro – RJ, 1909

Camilo Pessanha

Era admirado por outros poetas igualmente sublimes como Mário de Sá-Carneiro e Fernando Pessoa, que o considerava seu mestre. Em seus primeiros versos, evidenciam-se confluências com a poesia de Cesário Verde e logo com a de Verlaine. O professor Celso Luft, em seu *Dicionário de literatura portuguesa e brasileira*, sintetiza o prestígio dele entre os estudiosos: é o representante máximo da estética simbolista em Portugal. Camilo era filho ilegítimo de um estudante de Direito que depois fez carreira na magistratura. Ele também se formou em Direito e após algumas desilusões amorosas foi trabalhar em Macau, colônia portuguesa na China, como professor, em seguida como conservador do registro predial e juiz. Seus versos só não se perderam graças a um menino de 17 anos, João de Castro Osório. Ele os reuniu e os entregou à mãe, a escritora e editora Ana de Castro Osório, que os editou em livro com o título de *Clepsidra*. Na época, o poeta já trazia a saúde comprometida pelo vício do ópio e os pulmões destroçados pela tuberculose.

Caminho (I)

Camilo Pessanha

Tenho sonhos cruéis; n'alma doente
sinto um vago receio prematuro.
Vou a medo na aresta do futuro,
embebido em saudades do presente...

Saudades desta dor que em vão procuro
do peito afugentar bem rudemente,
devendo, ao desmaiar sobre o poente,
cobrir-me o coração dum véu escuro!...

Porque a dor, esta falta d'harmonia,
toda a luz desgrenhada que alumia
as almas doidamente, o céu d'agora,

sem ela o coração é quase nada:
um sol onde expirasse a madrugada,
porque é só madrugada quando chora.

★ Coimba – POR, 1867
✝ Macau – CHN, 1926

OCTÁVIO DORNELLES

Também cronista e pintor, poeta de estro parnasiano, foi ativo jornalista em Porto Alegre, colaborador assíduo do *Jornal do Comércio*, ao lado dos poetas Paulino Azurenha, Mário Totta, Zeferino Brasil e Múcio Teixeira. Foi um dos editores do jornal *A Gazetinha*, que circulou na capital rio-grandense no período 1891-1900. Grande boêmio, adepto das noitadas na companhia de poetas como Pedro Velho e Marcelo Gama, morreu em estado de miséria na Santa Casa de Misericórdia, em Porto Alegre, e foi enterrado como indigente.

MÍSTICA

Octávio Dornelles

Estás de mim defronte, e a luz te envolve
do sol, que longe, muito longe esplende;
e, errante e esquivo, o nosso olhar se volve
ao sol, que chamas no horizonte acende.

Um silêncio de culto a voz nos prende,
paira uma benção que nos absolve,
na luz que, vaga, a tarde lenta estende,
nos incêndios das nuvens que revolve.

Tomam teus olhos posições de prece.
Tens a feição dos mártires, parada,
de encontro à luz que, pálida, esmorece.

Ficas, até que o sol desapareça,
do clarão do poente aureolada,
tendo um nimbo de fogo na cabeça!

★ Porto Alegre – RS, 1868
✝ Porto Alegre – RS, 1905

Batista Cepelos

De origem humilde e paternidade que desconhecia, teve seu curso de Direito custeado pelo advogado e professor Francisco de Assis Peixoto Gomide, senador e governador de São Paulo. O poeta, então promotor público, frequentava a casa do benfeitor e começou a namorar uma de suas filhas. De início não houve oposição familiar, mas quando os namorados resolveram se casar, o senador se opôs com inaudita veemência e, às vésperas da cerimônia, exigiu um rompimento. A moça se negou a obedecer, e então o pai, fora de si, matou-a com um tiro de revólver, suicidando-se em seguida. Com o tresloucado gesto, quisera evitar uma relação incestuosa: Batista Cepelos era seu filho natural. Chocado com tamanha insânia, mudou-se o ex-noivo para o Rio de Janeiro, onde se tornou conhecido como poeta simbolista e tradutor de Mallarmé, Verlaine e Gôngora. Nove anos após a tragédia, foi encontrado morto aos pés de um penhasco no Catete. Ignora-se se foi suicídio ou acidente, pois era míope.

Nas ondas de uns cabelos

Batista Cepelos

Soltos, ombros abaixo, os revoltos cabelos,
que te envolvem num longo e veludoso abraço;
e como um rio negro, os seus negros novelos
rolam no vale em flor do teu brando regaço.

E na louca embriaguez dos meus sentidos, pelos
cinco oceanos do sonho o meu roteiro faço,
a senti-los na mão, beijá-los e mordê-los
até morrer de amor, sucumbir de cansaço!

E pousando a cabeça em teu seio, que estua,
sinto um sono ligeiro, um sussurro de brisa,
que me suspende ao céu e pelo céu flutua...

E num sonho feliz, como num mar profundo,
a minha alma desliza, a minha alma desliza
como as naus de Colombo à procura de um mundo...

★ Cotia – SP, 1872
✝ Rio de Janeiro – RJ, 1915

Andrade Neves Neto

Formado em Direito em São Paulo, foi promotor público e jornalista, tendo colaborado em diversos jornais e revistas do Sul, sobretudo o *Jornal do Comércio* e o *Correio do Povo*, ambos de Porto Alegre. Em 1906 publicou uma plaqueta de poemas, *Violas gaúchas*. Em 1909, Simões Lopes Neto lhe dedicou a lenda *A mboitatá*, ao publicá-la no *Correio Mercantil*, de Pelotas. Morreu assassinado aos 50 anos, em Santa Maria, e deixou um livro inédito de poesias, intitulado *Sonetos de Antero*.

A ANTERO DE QUENTAL

Andrade Neves Neto

Agitado por ódios violentos,
e de supremas cóleras batido,
enche o homem de gritos e lamentos
o vasto mar e o céu indefinido.

As fúrias de seus agros pensamentos
cortam o imenso espaço num rugido
e durante o fragor dos elementos
por nova dor que vem, novo gemido.

O desgraçado aos deuses imprecava
e a sua voz tal como entre os rochedos
entre as brancas estrelas ecoava.

E os grandes deuses, velhos e cansados,
na impassibilidade dos penedos,
permaneceram tristes e calados...

★ Rio Pardo – RS, 1873
✝ Santa Maria – RS, 1923

Aníbal Teófilo

Eis um poeta cuja obra foi esquecida e cuja vida só se evoca pela violência com que a perdeu. Ele era jornalista e administrador do Teatro Municipal de São Paulo, e nutria forte animosidade contra o advogado, jornalista, escritor e político Gilberto Amado, que pela imprensa fizera críticas corrosivas às obras de seus amigos Lindolfo Collor, Coelho Neto e Olavo Bilac. Após um evento no salão nobre do *Jornal do Comércio*, no Rio, os inimigos se encontraram, e Aníbal, após insultar Gilberto, passou a esmurrar um advogado que saíra em defesa do outro. Gilberto sacou a arma e fez três disparos pelas costas do poeta, um deles fatal, acertando-lhe a nuca. Um comentário da época dizia que Aníbal estava autorizado a morrer depois de ter escrito "A cegonha".

A CEGONHA

Aníbal Teófilo

Em solitária, plácida cegonha,
imersa num cismar ignoto e vago,
num fim de ocaso, à beira azul de um lago,
sem tristeza, quem há que os olhos ponha?

Vendo-a, senhora, vossa mente sonha
talvez, que o conde de um palácio mago,
loura fada perversa, em tredo afago,
mudou nessa pernalta erma e tristonha.

Mas eu, que em prol da luz, do pétreo, denso
véu do ser ou não ser, tento a escalada
qual morosa, tenaz, paciente lesma,

ao vê-la assim mirar-se na água, penso
ver a dúvida humana debruçada
sobre a angústia infinita de si mesma.

★ Fortaleza de Humaitá – PAR, 1873
✝ Rio de Janeiro – RJ, 1915

Francisca Júlia

Viveu um pitoresco episódio na mocidade, quando começou a publicar seus sonetos na imprensa. Os leitores não acreditavam que aqueles versos parnasianos tivessem sido escritos por uma mulher. O crítico João Ribeiro foi mais longe: desconfiado de que "Francisca Júlia" fosse um pseudônimo de Raimundo Correia, passou a desancar os poemas no jornal, assinando a crítica com o nome de "Maria Azevedo". Quando descobriu, por fim, que Francisca Júlia era ela mesma, rendeu-se e a ajudou a editar seu primeiro livro. Um pouco tarde, claro: em 1895, quando *Mármores* foi publicado, Francisca Júlia tinha já grande prestígio no meio literário. Admirada por João Ribeiro, Olavo Bilac e Vicente de Carvalho, que inclusive foi seu padrinho de casamento, infelizmente ela teve um trágico fim. Após o casamento, isolou-se da vida social e, um dia após a morte do marido, suicidou-se com uma dose excessiva de narcóticos.

Musa impassível I

Francisca Júlia

Musa! um gesto sequer de dor ou de sincero
luto jamais te afeie o cândido semblante!
Diante de um Jó, conserva o mesmo orgulho, e diante
de um morto, o mesmo olhar e sobrecenho austero.

Em teus olhos não quero a lágrima; não quero
em tua boca o suave e idílico descante.
Celebra ora um fantasma anguiforme de Dante,
ora o vulto marcial de um guerreiro de Homero.

Dá-me o hemistíquio d'ouro, a imagem atrativa;
a rima cujo som, de uma harmonia crebra,
cante aos ouvidos d'alma; a estrofe limpa e viva;

versos que lembrem, com seus bárbaros ruídos,
ora o áspero rumor de um calhau que se quebra,
ora o surdo rumor de mármores partidos.

★ Eldorado – SP, 1871
✝ São Paulo – SP, 1920

Leopoldo Lugones

Um dos vultos do modernismo na Argentina, Leopoldo Lugones fazia os estudos preparatórios em Córdoba quando a ruína dos negócios familiares o obrigou a abandoná-los. Aos 18 anos, iniciou-se no jornalismo. Em 1896 transferiu-se para Buenos Aires, onde conheceu Rubén Darío e se uniu a um grupo de intelectuais socialistas de que faziam parte José Ingenieros e Manuel Ugarte. Entre 1913 e 1916 fez palestras celebrando a figura do gaúcho e resgatando o *Martín Fierro* como obra emblemática da nacionalidade. Na política passou a colaborar com a direita e declarou, em 1924, que chegara a "hora da espada". No mesmo ano, recebeu o Prêmio Nacional de Literatura, e em 1928 fundou a Sociedade Argentina de Escritores. Em 1930, apoiou o golpe contra o presidente Hipólito Yrigoyen, em favor de um governo militar. Em seguida começou a ter crises depressivas e, aos 63 anos, suicidou-se num hotel do balneário El Tigre, bebendo uísque com cianureto. Essa tragédia teve reedições: em 1971, suicidou-se seu filho; em 1978, a neta Susana desapareceu durante a ditadura militar, e mais tarde um dos filhos dela se suicidou no mesmo lugar em que se suicidara o bisavô.

El amor eterno

Leopoldo Lugones

Deja caer las rosas y los días
una vez más, segura de mi huerto.
Aún hay rosas en él, y ellas, por cierto,
mejor perfuman cuando son tardías.

Al deshojarse en tus melancolías,
cuando parezca más desnudo y yerto,
ha de guardarse bajo su oro muerto
las violetas más nobles y sombrías.

No temas al otoño, si ha venido.
Aunque caiga la flor, queda la rama.
La rama queda para hacer el nido.

Y como ahora al florecer se inflama,
leño seco, a tus plantas encendido,
ardiente rosas te echarán en su llama.

★ Villa de María – ARG, 1874
✝ Isla del Tigre – ARG, 1938

José Duro

Com os pulmões afetados desde a adolescência, José Duro frequentava a Escola Politécnica de Lisboa e, ao mesmo tempo, tratava de adquirir cultura literária, lendo autores que, depois, influenciariam seus poemas, como Baudelaire, Antero de Quental, Antônio Nobre e Cesário Verde, sobretudo os dois últimos, aos quais hoje em dia é comparado. Poeta decadentista, era intensamente pessimista, com alto grau de morbidez, o que se explica pela convicção de que não tinha nenhum futuro. Seu único livro, *Fel*, foi escrito em seus últimos meses de vida e publicado dias antes de seu falecimento, com apenas 23 anos. O enterro não teve acompanhamento, e a única manifestação de apreço à memória dele foi a missa mandada rezar pelos colegas da Escola Politécnica. Cinco anos depois foi feita uma subscrição para preservar seus ossos, uma vez que a Câmara Municipal pretendia removê-los para uma vala comum. A subscrição não prosperou. A crítica portuguesa ignorou seu livro.

DOR SUPREMA

José Duro

Onde quer que ponha os olhos contristados
– costumei-me a ver o mal em toda a parte –
não encontro nada que não vá magoar-te,
ó minha alma cega, irmã dos entrevados.

Sexta-feira santa cheia de cuidados,
livro d'Ezequiel. Vontade de chorar-te...
E não ter um pranto, um só, para lavar-te
das manchas do fel, filhas de mil pecados!...

Ai do que não chora porque se esqueceu
como há de chamar as lágrimas aos olhos
na hora amargurada em que precisa delas!

Mas é bem mais triste aquele que olha o céu
em busca de Deus, que o livre dos abrolhos,
e só acha a luz das pálidas estrelas...

★ Portalegre – POR, 1875
✝ Lisboa – POR, 1899

Luiz Pistarini

Muito cedo órfão de pai e mãe, o poeta foi criado pelas irmãs e viveu parte da juventude no Rio de Janeiro e em São Paulo, trabalhando na imprensa e publicando seus versos em revistas literárias da época. Foi editor do jornal *A Lira*, de Resende, e fundou e dirigiu outra revista, *Crisálida*, e um jornal, *O Domingo*. Publicou dois livros e sua obra é de extração parnasiana. Com os pulmões comprometidos, faleceu aos 41 anos na Santa Casa de Misericórdia de Resende, deixando inédito um terceiro livro intitulado *Agonias e ressurreição*. Este soneto foi composto durante sua enfermidade e demonstra como ele era capaz de enfrentar seu amargo destino com uma têmpera mesclada de bom humor e melancolia.

Bilhete de doente

Luiz Pistarini

Recebi, minha flor, com muito agrado,
o mimo e mais os beijos, que agradeço;
beijos... de longe, que outros não mereço,
principalmente neste triste estado!

Ah! nem sabes, talvez, quanto padeço!
Mas vivo agora tão desalentado,
que, com o mínimo excesso, empalideço,
desmaio e tombo, exânime e prostrado...

Não me visites, pois. Não! Tem paciência!
Ninguém resiste à tentação que adora,
e o doutor me proíbe essa imprudência...

Perdoa; mas dispenso-te a visita:
para quem sofre, como eu sofro agora,
faz muito mal uma mulher bonita!

★ Resende – RJ, 1877
✝ Resende – RJ, 1918

Marcelo Gama

Este poeta é uma das vozes simbolistas na poesia do Rio Grande do Sul, ao lado de Felippe d'Oliveira, Eduardo Guimaraens, Álvaro Moreyra, Alceu Wamosy e Homero Prates. Marcelo Gama, na verdade, era o pseudônimo do jornalista Possidônio Cezimbra Machado, que trabalhara em jornais e revistas de Cachoeira do Sul e Porto Alegre antes de se transferir para o Rio de Janeiro. Na capital da república ele trabalhava no jornal *Correio da Manhã* e residia no Méier, à Rua Castro Alves, nº 123. Na madrugada de 7 de março de 1915, exausto, tresnoitado, voltava para casa de bonde. E dormia. Sobre o viaduto do Engenho Novo, um solavanco do bonde o lançou numa queda de 20 metros sobre os trilhos da Central do Brasil, morte tão insólita quanto a do jornalista fluminense Antônio da Silva Jardim, que caiu na cratera do Vesúvio, em Nápoles.

Catavento

Marcelo Gama

Vim sarar tédios, longe da cidade,
a convite e conselho de um amigo,
neste sombrio casarão antigo
onde tudo tem ares de saudade.

"Vem para o campo que a paisagem há de
curar-te." Mas, curar-me não consigo:
ontem o riso esteve bem comigo,
hoje me sinto cheio de ansiedade.

Sou assim, como as asas do moinho
que, lá distante, à beira do caminho,
por entre casas velhas aparece:

gira ao norte... ora ao sul... depressa... lento...
parece doido aquele catavento...
Mas como ele comigo se parece!

★ Mostardas – RS, 1878
✝ Rio de Janeiro – RJ, 1915

Francisco Mangabeira

Ainda estudante de Medicina, participou da Guerra dos Canudos, integrando o corpo médico do exército. Diplomado, foi médico de bordo em linhas costeiras e em rios da bacia amazônica. Propenso às aventuras, incorporou-se, no Acre, às brigadas de Plácido de Castro, como médico e secretário da revolução, ocasião em que fez a letra do Hino do Acre. Poderia ter sido um expoente de nosso simbolismo se não tivesse perdido a vida tão cedo. No Acre, contraiu malária. Quis regressar à Bahia para tratar-se, mas faleceu a bordo do vapor *São Salvador*, entre Belém e São Luís do Maranhão. Suas últimas palavras, minutos antes de morrer: "Como é que morre um poeta de 25 anos?".

Suplício eterno

Francisco Mangabeira

Não devo amá-la... e amo-a com loucura!
Quero esquecê-la... e trago-a na lembrança!
Ai, quem me livra deste mal sem cura
a que o destino trágico me lança?

Uma nuvem de tédio e amargura
cobre-me a loira estrela da esperança...
Tudo cansa por fim na vida escura,
só este amor infindo é que não cansa...

Se os olhos cerro, vejo-a nos meus sonhos;
se à noite acordo, sinto que enlouqueço
de uma angústia nos vórtices medonhos...

E esta morte em que vivo jamais finda,
pois quanto mais procuro ver se a esqueço
sinto que a adoro muito mais ainda!

★ Salvador – BA, 1879
† No mar, entre Belém e São Luís, 1904

José Albano

Este poeta, que não se submeteu às escolas literárias da época e preferiu uma confluência com o gênio de Camões, também foi libertário em sua desbragada vida. Após a adolescência em colégios europeus, voltou ao Brasil. Iniciou o curso de Direito e sua inquietude o levou a desistir, assim como logo desistiria do emprego público que lhe arranjaram. Quis ganhar o mundo, projeto facilitado pelas posses da família e por seu poliglotismo. Visitou dezenas de países e, tendo consumido tudo o que tinha (e era muito), passou a subsistir da venda antecipada de livros que prometia publicar. Cobriu a pé o percurso Viena-Paris para homenagear Rousseau, que teria feito igual caminhada, e o concluiu esfarrapado e sujo. Deixou uma obra pequena, clássica – não quis ultrapassar o Renascença, segundo um ensaísta – com alguns traços simbolistas, admirada intensamente por celebrados autores, como Manuel Bandeira e Alceu Amoroso Lima. Morreu indigente e louco.

Poeta fui...

José Albano

Poeta fui e do áspero destino
senti bem cedo a mão pesada e dura.
Conheci mais tristeza que ventura
e sempre andei errante e peregrino.

Vivi sujeito ao doce desatino
que tanto engana, mas tão pouco dura;
e ainda choro o rigor da sorte escura,
se nas dores passadas imagino.

Porém, como me agora vejo isento
dos sonhos que sonhava noite e dia
e só com saudades me atormento,

entendo que não tive outra alegria
nem nunca outro qualquer contentamento
senão de ter cantado o que sofria.

★ Fortaleza – CE, 1882
† Montauban – FRA, 1923

Carlos Gondim

Desconhecido em outras regiões do Brasil, de família paupérrima, o poeta teve acesso apenas às primeiras letras. Na adolescência e nos primeiros anos da mocidade, era frequentador de lugares degradantes e temido por sua agressividade quando embriagado. Foi autor de um assassinato derivado de ofensa que ouviu, relacionada com sua família. Passou dez anos na prisão, período em que se libertou da bebida, estudou, adquiriu cultura e começou a escrever poesia. Publicou três livros. Aos 44 anos, foi apunhalado de morte na Estrada da Parangaba, perto de Fortaleza, crime provavelmente ligado ao seu passado de desatinos.

As cimbúlias

Carlos Gondim

Irrequietas, à flor das ondas em cardumes,
ora róseas, abrindo as asas, ora azúleas,
vogam na espuma argêntea, em seus radiosos lumes,
como efêmeros sóis, errantes, as cimbúlias.

Centenares, ao léu das vagas, em cerúleas
conchas, de burgalhões e remotos negrumes
surgem, bailando ao som de misteriosas dúlias,
haurindo à equórea planta os estranhos perfumes.

Loucas, no amplo lençol das vagas espumantes,
brincam: e é todo o mar refúlgida Golconda
de topásios, rubis, safiras e diamantes...

E, volúveis, ruflando as asas sobre as vagas,
em farândola ideal, elas vão de onda em onda
– borboletas do oceano – adormecer nas fragas.

★ Aratuba – CE, 1886
✝ Fortaleza – CE, 1930

Delmira Agustini

Representante do modernismo no Uruguai, é uma das precursoras sul-americanas da voz da mulher, ao revelar-se sexualmente ativa em sua poesia. Aos 19 anos assistiu a uma peça de Sarah Bernhardt em Montevidéu e aos 26 conheceu o poeta Rubén Darío, despertando sua admiração. Casou-se em 1913 com Enrique Job Reyes, mas semanas depois voltou para a casa dos pais: "Não posso mais suportar tanta vulgaridade". Durante o divórcio não deixou de ver o ex-marido. Em julho de 1914, na Calle Andes, 1206, onde Enrique passara a morar, ele a matou com dois tiros e se suicidou. Até hoje a personalidade de Delmira provoca debates por causa de suas supostas contradições: a moça recatada que nem frequentou a escola e só pôde sair de casa aos 16 anos, para estudar francês e pintura, contraposta à ardente mulher que ela foi tanto na vida adulta como na arte. Faltam informações para que seja melhor conhecida. Depois que morreu, a mãe destruiu documentos e mutilou fotografias. Já a esposa do escritor e político argentino Manuel Ugarte, seu amante, queimou as cartas que Delmira enviara para ele.

El intruso

Delmira Agustini

Amor, la noche estaba trágica y sollozante
cuando tu llave de oro cantó en mi cerradura;
luego, la puerta abierta sobre la sombra helante,
tu sombra fue una mancha de luz y de blancura.

Todo aquí lo alumbraron tus ojos de diamante;
bebieron en mi copa tus labios de frescura,
y descansó en mi almohada tu cabeza fragante;
me encantó tu descaro y adoré tu locura.

¡Y hoy río si tú ríes, y canto si tú cantas;
y si tú duermes duermo como un perro a tus plantas!
¡Hoy llevo hasta en mi sombra tu olor de primavera;

y tiemblo si tu mano toca la cerradura,
y bendigo la noche sollozante y oscura
que floreció en mi vida tu boca tempranera!

★ Montevidéu – URU, 1886
✝ Montevidéu – URU, 1914

Hermes Fontes

Formando-se em Direito no Rio de Janeiro em 1911, estreara em livro três anos antes, com grande reconhecimento de crítica e público. Tinha deficiência auditiva, o que não o impediu de ser compositor. De 1903 até sua morte foi colaborador de diversos jornais e revistas do Rio, paralelamente ao desempenho de sua função pública nos Correios. Publicou diversos livros, sendo um dos destaques do simbolismo brasileiro, e embora também fosse autor de poemas de versos livres e de poesia visual muito antes de nossos modernistas, o vigoroso fluxo da vanguarda que culminaria na Semana de Arte Moderna, em fevereiro de 1922, no Teatro Municipal de São Paulo, fez com que começasse a ser esquecido e, por isso, entrasse em depressão. A morte da mãe distante, a separação da esposa e também a frustração por não ter sido eleito para a Academia Brasileira de Letras, nas cinco vezes em que se candidatou, agravaram seu desalento, e na véspera do Natal de 1930 ele se suicidou com um tiro no coração.

Flor de chama

Hermes Fontes

Hastil branco a florir em luz e flama, esguio
lírio seco, que o vento aniquilar promete –
há uma vela a esvair-se... E isso, deve-o ao pavio,
que é a sua alma, que é o eixo, a arder, do espermacete.

Mal o pavio esplende, ei-la que se derrete:
chama – parece estar tiritando de frio...
É uma criatura humana, alanceada das sete
dores da Virgem-mãe, lagrimejando, a fio...

É um ser anímico esse objeto inanimado:
– arde o pavio, e, entanto, o que se esvai é a cera...
– dói a alma, e o corpo é que se faz mortificado...

É uma agonia humana... Um suor febril escorre...
E, tal o humano ser desmaiara e morrera,
a vela luz... reluz... vai desmaiando... morre.

★ Buquim – SE, 1888
✝ Rio de Janeiro – RJ, 1930

Pery Mello

Poeta de predominância parnasiana, mas também filiado a outras escolas, entrou para a Escola de Guerra em Porto Alegre, alternativa dos jovens desprovidos de recursos ("uma das mais formosas inteligências que passaram pelas escolas militares", segundo o historiador Francisco de Paula Cidade), e frequentou o curso de Direito, sem completá-lo. Dirigiu um jornal em sua cidade natal e foi redator-chefe do *Eco do Sul*, de Rio Grande. Era jornalista combativo e, sobretudo, iconoclasta, feição que se manifestava num panfleto que editou, *Aos Ponta-Pés*. Interessava-se por filosofia e era um seguidor de Nietzsche. Transferindo-se para o Rio de Janeiro, deu seguimento à carreira militar. Um ano antes de seu falecimento fez uma viagem ao Sul no vapor *Itapuca*, e sua passagem pelo porto de Santos, como oficial do exército, foi registrada pelo jornal *A Vanguarda* em 18 de março de 1912. Aos 24 anos, suicidou-se no bairro do Realengo, no Rio. Seu único livro, *Livro póstumo de Pery Mello*, foi publicado em Porto Alegre um ano depois de sua morte, por iniciativa de um grupo de amigos.

ÓDIO

Pery Mello

Tu, que cevas a intriga e que açulas a luta,
ódio – vesga feição da sinistra loucura –
és o grito eternal, que a espécie inteira escuta,
cuja origem, na idade, estonteada, procura.

Alma do instinto humano e da humana tortura,
quando o espírito sonha e o alvo sonho perscruta,
surges – como de Poe – na mudez impoluta
do claustro subjetivo em que o ideal se enclausura.

Trazes sempre a protérvia em teu bico de abutre,
cego, como um punhal que de sangue se nutre,
derramas o extermínio entre as searas do mundo.

E, assim, semeando a morte e desparzindo escombros,
gangrenas a piedade em teu bojo profundo
e passeias, desvairado, a aflição sobre os ombros...

★ Cruz Alta – RS, 1889
† Rio de Janeiro – RJ, 1913

MÁRIO DE SÁ-CARNEIRO

Perdendo a mãe aos dois anos, e ausente o pai, o poeta foi criado pela avó. Fez os primeiros estudos em Lisboa. Em 1911, uma tragédia: suicida-se com um tiro Tomás Cabreira Júnior, seu parceiro em uma peça teatral. Em 1912, matricula-se no curso de Direito em Coimbra, que não frequenta. Vive algum tempo em Paris e aparecem seus primeiros livros. Com a eclosão da Primeira Guerra, volta a Lisboa. Em 1915, novamente em Paris para retomar os estudos na Sorbonne, mas seu cotidiano não é acadêmico, é boêmio, libertário, disponível para as novidades – a cidade ferve com movimentos de vanguarda. Agravam-se as crises depressivas, com ataques de um pessimismo avassalador. Sofre também com a falta de dinheiro, o pai lhe reduzira a mesada, e chega a passar fome. Escreve a Fernando Pessoa, pedindo que consiga dinheiro com um editor. O outro não responde. Envia outra carta, ameaça suicidar-se. Continua sem resposta e, em abril, num hotel de Montmartre, aos 25 anos, suicida-se com estricnina. Forma com Pessoa e Almada Negreiros a destacada trindade do modernismo português.

Certa voz na noite, ruivamente

Mário de Sá-Carneiro

Esquivo sortilégio o dessa voz, opiada
em sons cor de amaranto, às noites de incerteza,
que eu lembro não sei de onde – a voz duma princesa
bailando meia nua entre clarões de espada.

Leonina, ela arremessa a carne arroxeada;
e bêbeda de si, arfante de beleza,
acera os seios nus, descobre o sexo... Reza
o espasmo que a estrebucha em alma copulada...

Entanto nunca a vi mesmo em visão. Somente
a sua voz a fulcra ao meu lembrar-me. Assim
não lhe desejo a carne – a carne inexistente...

É só de voz-em-cio a bailadeira astral
– e nessa voz-estátua, ah! nessa voz-total,
é que eu sonho esvair-me em vícios de marfim...

★ Lisboa – POR, 1890
✝ Paris – FRA, 1916

GONÇALVES VIANNA

Diplomado pela Faculdade de Direito do Rio de Janeiro, publicou na mesma cidade, em 1923, seu único livro, *Thebaida*, com prefácio de Afrânio Peixoto, da Academia Brasileira de Letras. De viés parnasiano, a coleção de poemas, em sua maior parte, expõe um homem acossado por intenso e surpreendente sofrimento, não perceptível em seus papéis sociais de renomado advogado, notável orador e político militante no Partido Libertador. Participou da Revolução de 1923 como opositor do governo de Borges de Medeiros (era adversário de seu conterrâneo Alceu Wamosy) e de outras movimentações políticas, que em dado momento lhe valeram o exílio na Argentina. Foi um dos mais destacados participantes do congresso do Partido Libertador em Rivera, em 1933. No ano seguinte, aos 43 anos, suicidou-se por motivos ignorados que, veladamente, ele alude nos dois primeiros versos do soneto a seguir. Há versões de que seus tormentos se relacionavam com um casamento que vinha adiando por anos a fio.

ASPIRAÇÃO

Gonçalves Vianna

Que eu sempre seja assim e que ninguém compreenda
a causa desta dor atroz que me tortura,
e seja sempre triste e, como o herói da lenda,
parta em busca do Amor, do Sonho e da Ventura.

À conquista do ideal meu pensamento ascenda,
na certeza cruel de não chegar à altura.
E que este coração de bem seja uma tenda,
e eu aceite, a sorrir, o cálice da amargura.

E aos soberbos despreze e aos humildes proteja,
e, qual guerreiro antigo, heroico e lutador,
eu tombe ensanguentado em meio da peleja.

E que leve, ao partir deste exílio medonho,
o orgulho de viver sofrendo a minha dor
e a glória de morrer fechado no meu sonho!

★ Uruguaiana – RS, 1890
† Uruguaiana – RS, 1934

Arturo Borja

Fez parte de um grupo de jovens poetas equatorianos aos quais se convencionou chamar "geração decapitada", por morrerem cedo (com Humberto Fierro, Ernesto Noboa y Caamaño e Medardo Ángel Silva), e foi o primeiro deles a aderir ao modernismo. Filho de um jurista disciplinador e de rígidos costumes, aos 15 anos foi levado a Paris para tratar uma lesão no olho direito que ele mesmo provocara com uma caneta, e ali, depois de usar tapa-olho durante um ano, fez um curso de literatura, conhecendo as obras de Mallarmé, Baudelaire, Rimbaud e Verlaine. Ao regressar, ainda na menoridade, enveredou para a boemia. Era sujeito a depressões, decaindo em profundo pessimismo e nostálgico de seus dias parisienses. Casou-se em outubro de 1912 e, em novembro, dias depois de finda a lua de mel, suicidou-se com uma overdose de morfina. Diz-se que fizera um pacto de morte com a esposa, mas ela não cumpriu sua parte. Tinha 20 anos. Seu único livro, *La flauta de ónix*, foi publicado em 1920 por iniciativa de amigos.

Mujer de bruma

Arturo Borja

Fue como un cisne blanco que se aleja
y se aleja, suave, dulcemente
por el cristal azul de la corriente,
como una vaga y misteriosa queja.

Me queda su visión. Era una vieja
tarde fría de lluvia intermitente;
ella, bajo la máscara indolente
de su enigma, cruzó por la calleja.

Fue como un cisne blanco. Fue como una
aparición nostálgica y alada,
entrevista ilusión de la fortuna...

Fue como un cisne blanco y misterioso
que en la leyenda de un país brumoso,
surge como la luna inmaculada.

★ Quito – ECU, 1892
† Quito – ECU, 1912

Cruz Salmerón Acosta

Na palavra de um crítico, o poeta aborda temas românticos e os expressa em formas que o aproximam dos modernistas. Na adolescência vai estudar em Cumaná, onde conhece um amigo para sempre, o poeta Ramos Sucre. Em Caracas para cursar Direito na Universidade Central da Venezuela, mora numa república e se apaixona pela menina Conchita Bruzual Serra, que será sua musa até o triste final de seus dias. É então que começam a aparecer alterações em sua pele. Os médicos não têm certeza do diagnóstico, mas recomendam que volte à cidade natal, antes de ser obrigado a um isolamento sanitário. O diagnóstico definitivo viria em 1920, mas em 1913 ele já sabia que era portador de hanseníase, e com o fechamento da universidade pelo ditador Juan Vicente Gómez, ele volta a Manicuare e passa a viver isolado numa casinha que os pais mandaram construir, próxima da casa da família. A poesia era a sua companheira. Um pouco antes de sua morte, aos 37 anos, abreviada por problemas que herdou da gripe espanhola em 1918, o "poeta do martírio" recebeu a emocionante visita da ex-namorada.

Infortunio

Cruz Salmerón Acosta

Nunca mi mente acarició el ensueño
de vivir solo, frente a un mar bravío,
sino en un campo en flor siempre risueño,
viendo correr junto a mis pies un río.

Por más que en alegrarme yo me empeño,
en presencia del mar vivo sombrío
tan lejos de la dicha con que sueño
como tú estás de mi dolor, Dios mío.

Yo sufro ante el verdor de primavera
de la eterna visión de la ribera
de donde ayer por siempre hube partido,

la nostalgia del pájaro enjaulado
que desde su prisión ve el ramo amado
donde un día, cantando, formó el nido.

★ Manicuare – VEN, 1892
✝ Manicuare – VEN, 1929

Alfonsina Storni

Poeta do pós-modernismo argentino que privilegia as relações amorosas e o feminismo, foi garçonete, camareira, costureira e operária. Em Coronda, fez a Escola Normal, participou de grupos teatrais e, nos fins de semana, ia cantar em Rosário. Em 1912, em Buenos Aires, teve um filho de pai desconhecido e trabalhou no comércio como caixa e escriturária. Ao colaborar na revista *Caras y Caretas* conheceu diversos escritores, entre eles Gabriela Mistral (Nobel de Literatura em 1945). Ia com frequência a Montevidéu, onde se encontrava com Juana de Ibarbourou e Horacio Quiroga. Foi duas vezes à Europa. Numa noite de 1934, em que cantava num hotel de Buenos Aires, conheceu García Lorca. O suicídio de Quiroga, em 1937, causou-lhe grande comoção. Em 1938 participou de um evento em Montevidéu com Ibarbourou e Mistral, e quase não pôde falar, aplaudida a cada instante. Acossada pela solidão e um câncer de mama, suicidou-se por afogamento em Mar del Plata, saltando de um quebra-mar. Em outra versão, ela caminhou mar adentro até sumir em águas profundas.

Tu dulzura

Alfonsina Storni

Camino lentamente por la senda de acacias,
me perfuman las manos sus pétalos de nieve,
mis cabellos se inquietan bajo céfiro leve
y el alma es como espuma de las aristocracias.

Genio bueno: este día conmigo te congracias,
apenas un suspiro me torna eterna y breve...
¿Voy a volar acaso ya que el alma se mueve?
En mis pies cobran alas y danzan las tres Gracias.

Es que anoche tus manos, en mis manos de fuego,
dieron tantas dulzuras a mi sangre, que luego,
llenóseme la boca de mieles perfumadas.

Tan frescas que en la limpia madrugada de estío
mucho temo volverme corriendo al caserío
prendidas en mis labios mariposas doradas.

★ Sala Capriasca – SWI, 1892
✝ Mar del Plata – ARG, 1938

Vivita Cartier

Fez seus primeiros estudos em Porto Alegre. Em 1909, foi diretora artística para o carnaval da Sociedade Venezianos. Aos 19 anos viveu sua única experiência amorosa, a paixão por um homem de 42 anos, amigo de sua família, que não se capacitou dos sentimentos que provocava. Já trazia os pulmões afetados pela tuberculose e, aos 20 anos, foi levada para a serra gaúcha em busca de clima adequado para seu mal, primeiro para Caxias do Sul e depois para Criúva, hoje um distrito da cidade serrana. Morreu aos 26 anos. Suas últimas palavras foram: "Estou sentindo uma coisa... se for a morte, que bom, meu Deus!... Meus pais... meus irmãos... meus versos...".

Imortal

Vivita Cartier

Tenho o corpo abatido, o olhar tristonho;
recôndita opressão me esmaga o peito;
falta-me o ar, nunca respiro a jeito;
se me obrigam a andar, logo me oponho.

No espaço indefinido os olhos ponho,
atirada, sem forças, sobre o leito.
E penso... penso nesse gozo eleito
duma vida futura, com que sonho...

Embora humilde, resignada embora,
sucumbo ao negro horror que me apavora,
se pressinto um tormento prolongado.

E anseio pela queda da matéria,
para minh'alma, em escalada etérea,
chegar, enfim, ao mundo desejado...

★ Porto Alegre – RS, 1893
✝ Caxias do Sul (Criúva) – RS, 1919

Francisco Ricardo

Fez seus primeiros estudos em Porto Alegre e consta que, enfrentando preconceitos raciais por ser negro, aos 21 anos foi para o Rio de Janeiro trabalhar como taquígrafo. Em 1917 foi um dos fundadores da Academia Brasileira de Novos e no mesmo ano entrou para a Faculdade de Direito. Foi colaborador de revistas e jornais cariocas e gaúchos. Em 1919 publicou seu único livro, *Solidão sonora*, e dois anos depois concluiu o curso de Direito. Foi promotor público em cidades mineiras e depois em Lagoa Vermelha, no Rio Grande do Sul, cidade onde foi baleado por causa de uma conquista amorosa. Transferido para Cachoeira do Sul, onde também se envolveu com mulheres comprometidas, foi obrigado a deixar a cidade. Assumiu a promotoria em Santa Maria, onde persistiu em suas aventuras de *coureur de femmes*. Um de seus casos custou-lhe um duelo com o marido ofendido. Na troca de tiros, os dois morreram. Deixou dois livros inéditos.

Como eu quisera a dona do meu nome

Francisco Ricardo

Quisera que ela fosse diferente
de todas... Esquisita... Superior...
E assim pensasse diferentemente
o pensamento universal do amor...

Quisera que ela fosse diariamente
inacessível ao maior louvor:
suscitasse rumor na turba ambiente
sem descer a pensar em tal rumor...

Uma criatura de áulicas olheiras...
Formosa... E de belezas imponentes
nos pensamentos como nas maneiras...

Uma criatura instável como as horas...
Que me adorasse em todos os poentes
e que me odiasse em todas as auroras!

★ Porto Alegre – RS, 1893
† Santa Maria – RS, 1927

Ronald de Carvalho

Diplomado em Direito em 1912, no Rio de Janeiro, já exercia o jornalismo no *Diário de Notícias*, cujo diretor era Ruy Barbosa. Em 1913 cursou Filosofia e Sociologia em Paris. Voltando ao Brasil no ano seguinte, foi nomeado para um cargo diplomático, em cujo desempenho seria enviado extraordinário e ministro plenipotenciário. Foi membro do Instituto Histórico e Geográfico. Em 1915 foi diretor para o Brasil da revista portuguesa *Orpheu*, que só tiraria dois números e causaria intensas controvérsias com as novidades modernistas. Poeta cuja obra maiormente parnasiana pendeu para a vanguarda, participou da Semana de Arte Moderna em fevereiro de 1922, no Teatro Municipal de São Paulo, provocando escândalo ao ler o poema "Os sapos", de Manuel Bandeira, que ridicularizava a poesia e os parnasianos. Exercendo cargos no exterior, em 1933 regressou ao Brasil e foi secretário do presidente Getúlio Vargas. Faleceu em acidente automobilístico no Rio de Janeiro.

Sentido*

Ronald de Carvalho

Fujo de mim como um perfume antigo
foge ondulante e vago de um missal
e julgo um alma estranha andar comigo,
dizendo adeus a uma aventura irreal.

Sou transparência, chama pálida, ânsia,
última nau que abandonou o cais.
No alvor das minhas mãos chora a distância
proas rachadas, longes de ouro, ideais...

Sonho meu corpo como de um ausente,
náufrago e exsurjo dentro da memória,
acordo num jardim convalescente,

vago perdido em outros num jardim,
e sinto no clarão da última glória
a sombra do que sou morrer em mim...

★ Rio de Janeiro – RJ, 1893
† Rio de Janeiro – RJ, 1935

---

* Primeira parte do poema "A alma que passa".

Galba de Paiva

Formou-se em Direito no Rio de Janeiro, em 1915. Promotor público em Alegrete (1919-1920), advogou em Uruguaiana em 1922, segundo o *Almanak Administrativo, Mercantil e Industrial do Rio de Janeiro – 1891 a 1940*. Foi subchefe de polícia em Santana do Livramento, São Gabriel e Bagé, e nesta cidade publicou seu único livro, *Folhas* (1923), em que revela confluência com o realismo de Antero de Quental. Em 1932, participou da Revolução Constitucionalista de São Paulo contra o governo provisório de Getúlio Vargas. Foi advogado do Banco Ultramarino e colaborador de diversos jornais gaúchos e revistas do Rio de Janeiro, em uma delas exercendo a crítica literária. Casado, teve quatro filhas. Suicidou-se no Rio de Janeiro, diz-se que por motivos "pessoais e familiares". Seis meses depois, a cantora Sylvinha Mello gravou pela Columbia uma canção em que foi letrista de Marcelo Tupinambá, "Soldadinho de chumbo". Esta música seria gravada novamente em 1968, pela Chantecler, na voz de Ely Camargo.

Perante a dúvida

Galba de Paiva

Penso. E que sou? Diz-me a vaidade: – Tudo!
Mas a razão, imperturbável: – Nada!
E olhando a vida fico absorto e mudo
vendo-a de sonhos puros constelada.

A inspiração segreda-me, contudo:
– Canta! Eleva-te à pátria – Iluminada!
E o previdente espírito sisudo:
– Chora! Se és pó, é certa a derrocada!...

Ah, quanta coisa para ser pesada
nessa comédia, nesse grande entrudo,
onde a alma vive sempre enclausurada!

Mas no termo final já não me iludo...
Basta a triste certeza de ser nada,
basta a vaga esperança de ser tudo.

★ Uruguaiana – RS, 1893
✝ Rio de Janeiro – RJ, 1938

Florbela Espanca

Ignorada pelos críticos da época, é hoje um dos ícones da poesia em Portugal, simbolista tardia com ardentes doses de erotismo e ousada sinceridade. Fruto de relação extraconjugal do pai, em seu registro constou paternidade ignorada. O casamento, em 1913, fracassou. Mudando-se de Évora, onde fizera os estudos secundários, para Lisboa, ingressou no curso de Direito. Trazia a saúde afetada por um aborto involuntário. A rejeição do pai também era causa de sofrimentos. Em 1919 estreou em livro. Frustrada com o desdém dos beletristas e sempre adoentada, em 1920 desistiu do curso e se afastou do convívio social. Casou-se novamente em 1921 e, dois anos depois, novo aborto, novo divórcio. Em 1925, mais um casamento. A carreira progredia, os tormentos emocionais também. Quando seu irmão faleceu num desastre aéreo, ela tentou se suicidar. Em 1930, já sem ânimo e com um edema pulmonar, fez duas tentativas de morrer. Não resistiu à terceira, por excesso de barbitúricos. Era o dia de seu 36º aniversário.

MENTIRAS

Florbela Espanca

Tu julgas que eu não sei que tu me mentes
quando o teu doce olhar pousa no meu?
Pois julgas que eu não sei o que tu sentes?
Qual a imagem que alberga o peito teu?

Ai, se o sei, meu amor! Eu bem distingo
o bom sonho da feroz realidade...
Não palpita de amor um coração
que anda vogando em ondas de saudade!

Embora mintas bem, não te acredito;
perpassa nos teus olhos desleais
o gelo do teu peito de granito...

Mas finjo-me enganada, meu encanto,
que um engano feliz vale bem mais
que um desengano que nos custa tanto!

★ Vila Viçosa – POR, 1894
✝ Matosinhos – POR, 1930

ALCEU WAMOSY

Poeta simbolista com ressonâncias do regramento parnasiano, foi um leitor atento de Bilac e Cruz e Sousa, com sua poesia delicada, sugestiva e musical. Seus sonetos "Duas almas" e "Idealizando a morte" foram nitidamente inspirados, respectivamente, nos bilaquianos "Nel mezzo del camin" e "In extremis". É considerado o principal poeta simbolista do Rio Grande do Sul. Jornalista, trabalhou em Alegrete e também em Porto Alegre, onde fez amizade com o romancista Dyonélio Machado e com o poeta Mansueto Bernardi. Ao eclodir a revolução de 1923, ele trabalhava em Santana do Livramento e se alistou nas forças governistas, sendo ferido com gravidade no combate de Ponche Verde. Levado a um hospital daquela cidade fronteiriça, faleceu pouco depois de casar-se *in articulo mortis* com a noiva Maria Bellaguarda.

ÚLTIMA PÁGINA

Alceu Wamosy

Todo este grande amor, que nasceu em segredo,
e cresceu, e floriu na humildade mais pura,
teve o encanto pueril desses contos de enredo
quase ingênuo, onde a graça ao candor se mistura.

Entrou nos nossos corações como a brancura
de uma aresta de luar numa alcova entra – a medo –
nunca teve esse fogo intenso de loucura
que há em todo amor que nasce tarde e morre cedo.

E quando ele aflorou, tímido e pequenino,
como uma estrela azul, no meu, no teu destino,
não sei que estranha voz ao coração me disse

que este amor suave e bom, de pureza e lealdade,
sendo o primeiro amor da tua meninice,
era o último amor da minha mocidade.

★ Uruguaiana – RS, 1895
✝ Santana do Livramento – RS, 1923

Medardo Ángel Silva

Em regra associado a poetas equatorianos da chamada "geração decapitada", por morrerem cedo (com Humberto Fierro, Arturo Borja e Ernesto Noboa y Caamaño), foi um dos representantes do modernismo no Equador. Diversamente de seus confrades, provinha de família sem recursos. Não terminou os estudos secundários, mas lia em francês e foi professor e jornalista. Em 1918, mandou imprimir 100 exemplares de um livro, que foi colocado à venda e ninguém comprou. Consta que os queimou e nesse transe teria prosperado a ideia do suicídio, firmando-se com o insucesso amoroso: a família da amada adolescente, sua aluna, opunha-se ao namoro, porque o poeta era mulato e seria opiômano. Dois dias depois de seu aniversário de 21 anos, visitou a namorada e, após conversar com ela por alguns minutos, pegou o revólver e se matou com um tiro na cabeça. Sua vida foi tema do filme *Medardo* (2015), que em 2016 ganhou um dos prêmios da Associação de Cronistas de Espetáculos de Nova York.

Ojos africanos

Medardo Ángel Silva

Ayer miré unos ojos africanos
en una linda empleada de una tienda.
Eran ojos de noche y de leyenda,
eran ojos de trágicos arcanos...

Eran ojos tan negros, tan gitanos,
vagabundos y enfermos, ojos serios
que encierran cierto encanto de misterios
y cierta caridad con los hermanos...

Ayer miré unos ojos de leyenda
en una linda empleada de una tienda,
ojos de huríes, débiles, huraños.

Quiero que me devuelva la mirada
que tiene su pupila apasionada
con el lazo sutil de sus pestañas.

★ Guayaquil – ECU, 1898
† Guayaquil – ECU, 1919

Ernani Chagas

O poeta viveu e morreu longe das capitais, era conhecido tão só em Santa Maria (RS), sua cidade natal, e morreu muito jovem. Faltou-lhe tempo, experiência e militância nas letras para elevar seu estro a outros patamares. Em 17 de abril de 1921, no Clube Forasteiros daquela cidade, ele teve uma discussão com um amigo, Olmiro Antunes, por causa de uma mulher, e foi agredido. Terá sido a mulher do soneto? No dia seguinte, ele procurou Olmiro, e às 21h, encontrando-o numa loja da Rua Silva Jardim, chamou-o com um aceno. Discutiram novamente, e Olmiro, sacando uma pistola Browning 32, disparou três tiros contra o poeta. Ernani foi hospitalizado, mas não resistiu aos graves ferimentos e faleceu às 22h15 do dia 19 de abril. Os irmãos reuniram seus poemas num livro e o publicaram pela Livraria do Globo, em 1935, com introdução de Aureliano de Figueiredo Pinto. O assassino suicidou-se na prisão.

CONTRADIÇÕES

Ernani Chagas

Esquisita, nervosa, pequenina,
de olhos tristes e de fundas olheiras,
tem um vago gemer de casuarina
o seu andar sutil como o das freiras.

Transparece no rosto, à pele fina,
um ríctus de amarguras derradeiras,
e tem na leve compleição franzina
o talhe esguio e nobre das palmeiras.

Em certas vezes quando a vejo, creio
que o lindo gesto, de incontido enleio,
é uma eterna promessa para alguém.

E ela que sabe do meu abandono,
volve-me o rosto com gracioso entono
e ri de mim porque lhe quero bem!

★ Santa Maria – RS, 1898
✝ Santa Maria – RS, 1921

Federico García Lorca

O poeta cursou Direito em Granada. Em 1929 viajou para os Estados Unidos, onde permaneceu nove meses como bolsista da Universidade de Columbia. Em seguida passou três meses em Cuba e, em 1933, seis meses na Argentina, ocasião em que também esteve no Uruguai e no Brasil. Foi amigo de Salvador Dalí, Luis Buñuel e Pablo Neruda, que lhe dedicou uma ode. Seu prestígio não deriva apenas de sua obra poética, também do que produziu para o teatro. Identificando-se com minorias perseguidas, como os ciganos, sentiu na pele os efeitos da discriminação, dada a sua homossexualidade. Era tido como simpatizante da Frente Popular, cuja vitória nas urnas provocou o receio da ascensão do comunismo e, em consequência, o fortalecimento da ultradireitista Falange Espanhola, partido que fora criado para combater o governo republicano. Foi uma das primeiras vítimas da Guerra Civil, fuzilado em Granada pelos soldados franquistas filiados à Falange. Seu corpo nunca foi encontrado.

A Carmela, la peruana

Federico García Lorca

Una luz de jacinto me ilumina la mano
al escribir tu nombre de tinta y cabellera
y en la neutra ceniza de mi verso quisiera
silbo de luz y arcilla de caliente verano.

Un Apolo de hueso borra el cauce inhumano
donde mi sangre teje juncos de primavera,
aire débil de alumbre y aguja de quimera
pone loco de espigas el silencio del grano.

En este duelo a muerte por la virgen poesía,
duelo de rosa y verso, de número y locura,
tu regalo semeja sol y vieja alegría.

¡Oh pequeña morena de delgada cintura!
¡Oh Perú de metal y de melancolía!
¡Oh España, oh luna muerta sobre la piedra dura!

★ Fuente Vaqueros – ESP, 1898
✝ Granada – ESP, 1936

Moacir de Almeida

Foi um poeta precoce, escreveu seu primeiro poema aos nove anos, como se tivesse o pressentimento de que não viveria muito tempo. Ainda que, em seus 20 anos, fosse contemporâneo da Semana de Arte Moderna, em fevereiro de 1922, no Teatro Municipal de São Paulo, não se convenceu de suas propostas estéticas e persistiu em seu neoparnasianismo no único livro que publicou, *Gritos bárbaros* (1925). Faleceu oito dias depois de seu 23º aniversário, de grave hipertrofia cardíaca. Otto Maria Carpeaux escreveu que o poeta ainda precisava amadurecer, mas segundo Olegário Mariano ele foi um "grande entre os maiores de seu tempo". Em 1943 seria publicado um volume com suas poesias completas.

Amargura

Moacir de Almeida

Ah! não ser compreendido é a tortura do artista!
Ofegante, rompendo os joelhos pelas fragas,
vê, debalde, fulgir, nas nuvens de ametista,
a miragem do ideal, entre as estrelas magas...

Arqueja; o vendaval de angústias que o contrista
vem-lhe aos olhos sangrar em tristezas pressagas...
Alça a vista: arde o céu tão longe! Baixa a vista:
tão longe os corações a rolar como as vagas!

E ele, que tem o azul preso no crânio aflito,
abre em astros de sangue a noite dos abrolhos,
ergue constelações de rimas no infinito...

Soluça de aflição no deserto profundo,
tendo os astros no olhar e a noite sobre os olhos,
tendo os mundos nas mãos sem nada ter no mundo!...

★ Rio de Janeiro – RJ, 1902
✝ Rio de Janeiro – RJ, 1925

Jaime Torres Bodet

Poeta que desempenhou altos cargos no serviço público de seu país, esteve no Brasil em 1947, participando da Conferência Interamericana como representante do México. Foi diretor da UNESCO (1948-1952) e embaixador na França (1954-1958). Na mocidade, fez parte do grupo que tirava a revista *Contemporáneos* (1928-1931), de relevante papel na história da literatura mexicana, por caldear as vanguardas europeias com os traços autóctones que tinham gerado muralistas como Rivera, Siqueiros e Orozco. Seus versos da maturidade, segundo a crítica, têm ressonâncias personalíssimas, nutrindo-se do tradicional e do inovador, como no tempo da velha revista. Esse equilíbrio estético ele não conseguiu empregar em sua vida. A imaginação desenfreada, surreal, que o induzia frequentemente à invocação da morte – aliada a um problema de saúde –, induziu-o também ao suicídio, com um tiro de revólver no céu da boca.

Continuidad – 1

Jaime Torres Bodet

No has muerto. Has vuelto a mí. Lo que en la tierra
– donde una parte de tu ser reposa –
sepultaron los hombres, no te encierra;
porque yo soy tu verdadera fosa.

Dentro de esta inquietud del alma ansiosa
que me diste al nacer, sigues en guerra
contra la insaciedad que nos acosa
y que, desde la cuna, nos destierra.

Vives en lo que pienso, en lo que digo,
y con vida tan honda que no hay centro,
hora y lugar en que no estés conmigo;

pues te clavó la muerte tan adentro
del corazón filial con que te abrigo
que, mientras más me busco, más te encuentro.

★ Cidade do México – MEX, 1902
✝ Cidade do México – MEX, 1974

Francisco López Merino

Poeta argentino cuja pequena obra, segundo a crítica de hoje, revela um cambiante simbolista – com propensões modernistas de quem leu o nicaraguense Rubén Darío, o mexicano Amado Nervo e o espanhol Juan Ramón Jiménez –, era membro de uma sociedade de poetas de que faziam parte outros jovens da época, entre eles Leopoldo Marechal e Jorge Luis Borges, este o presidente. Publicou apenas duas coletâneas de poemas, a primeira delas por sua conta. O falecimento de uma irmã, em 1922, abateu-o profundamente e pode ter concorrido para que um moço alegre e comunicativo perdesse o gosto de viver. Panchito, como era chamado, matou-se com um tiro aos 23 anos, no banheiro do Jockey Club de La Plata. Borges escreveu um poema, "Maio 20, 1928", em que especula como teria sido a véspera do suicídio, e segundo Maria Kodama nunca deixou de lamentar a morte prematura do amigo. A Biblioteca Municipal de La Plata, instalada no palacete em que o poeta morava com os pais, tem o seu nome.

Las horas de oro

Francisco López Merino

Los dedos menuditos de la amada,
con disciplina rítmica de hormiga
trabajan – oh dulcísima fatiga –
sobre la lana tibia y sonrosada.

Después, casi al final de la jornada,
la lámpara suavísima y amiga,
enciende su pupila en la que abriga
instantes de dulzura inmaculada.

Así plenas de amor pasan las horas.
Nos da vagos crepúsculos y auroras
la lumbre moribunda que se aviva...

Amamos el reposo de la estancia,
donde brindan las rosas su fragancia
y una clara dulzura persuasiva.

★ La Plata – ARG, 1904
✝ La Plata – ARG, 1928

Carmen Cinira

Teve uma breve e desventurada vida. Foi casada com um jogador de futebol que morreu aos 20 anos. Autora de uma poesia sensual, corajosamente divergiu do conservantismo de seu tempo, que induzia a mulher a não expressar publicamente seus sentimentos amorosos. Monteiro Lobato a conheceu e ficou impressionado com sua beleza (v. "Sombras que sofrem", XIII). O único livro que publicou em vida, *Crisálida*, foi prefaciado pelo poeta e crítico Osório Duque-Estrada, autor da letra do hino nacional brasileiro. Seus últimos poemas revelam a tristeza, o desencanto e as angústias derivadas de sua doença pulmonar, a mesma que lhe matara o marido e que acabou por matá-la também.

Desassombramento

Carmen Cinira

Que me aguarde, por pena, o mais triste dos fados,
e clamores hostis me sigam pela vida,
que floresçam vulcões nos montes sossegados
e trema de revolta a Terra adormecida...

Que se ergam contra mim os seres indignados
como um quadro dantesco em fúria desmedida,
e que, na própria altura, os astros deslocados
rolem numa sinistra e tremenda descida...

Hei de ser tua um dia e ofertar-te, sem pejo,
vibrante, ébria de amor, à chama de teu beijo,
esta alma virginal que há tanto assim te espera...

E então hei de sentir vaidosa, intensamente,
desabrochar em mim, num delírio crescente,
o instinto de mulher em ânsias de pantera!

★ Rio de Janeiro – RJ, 1905
✝ Rio de Janeiro – RJ, 1933

Odylo Costa Filho

Formou-se em Direito no Rio de Janeiro, em 1933, e começou a trabalhar como jornalista. Pouco depois, publicou vários poemas numa antologia e abandonou a poesia. Casou-se em 1942 e teve como padrinhos uma trindade de grandes poetas: Manuel Bandeira, Ribeiro Couto e Carlos Drummond de Andrade. Foi fundador, redator e diretor de diversos órgãos de imprensa. Secretário de imprensa do Presidente Café Filho, recusou convite do Presidente Costa e Silva para ser diretor da Agência Nacional. Teve uma novela publicada no exterior. Quem o trouxe de volta à poesia, depois de uma abstenção de quase 30 anos, foi a dor pelo assassinato do filho adolescente em 1963, durante um assalto. Em 1969, foi eleito para a Academia Brasileira de Letras. No Rio de Janeiro, perto do Estádio Maracanã, há um teatro com seu nome, e no bairro Santa Tereza a Praça Odylo Costa Neto, em homenagem ao seu menino.

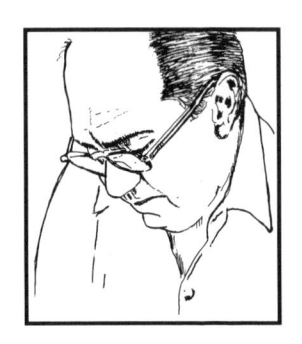

A MEU FILHO

Odylo Costa Filho

Recorro a ti para não separar-me
deste chão de sargaços mas de flores
em que há bichos que amaste e mais os frutos
que com tuas mãos plantavas e colhias.

Por essas mãos te peço que me ajudes
e que afastes de mim com os dentes alvos
do teu riso contido mas presente
a tentação da morte voluntária.

Não deixes, filho meu, que a dor de amar-te
me tire o gosto do terreno barro
e a coragem dos lúcidos deveres.

Que estas árvores guardem, no céu puro,
entre rastros de estrelas, a lembrança
dos teus humanos olhos deslumbrados.

★ São Luís – MA, 1914
✝ Rio de Janeiro – RJ, 1979

Dionísio Vilarinho

Poeta e sargento do Exército Brasileiro, foi protagonista de um assombroso drama em Alegrete: o poeta e a noiva se suicidaram, amargo desenlace de uma história de amor, ciúme e perversão. Após beber suco de uva com arsênico, ao meio-dia de uma segunda-feira, ele chamou o amigo e também poeta Hélio Ricciardi, pedindo que escrevesse o soneto que acabara de fazer e iria ditar. O amigo, percebendo que ele já se envenenara, não conseguiu escrever e se apressou a chamar o médico. Então ele mesmo escreveu, com a mão trêmula, o soneto que segue. Morreu na quarta-feira no Hospital Militar – no mesmo dia em que morria a noiva no Hospital de Caridade. Passados seis anos, Hélio Ricciardi reuniu sua pequena obra e a publicou em Alegrete, com o título de *Música indefinida*, inaugurando a histórica série dos Cadernos do Extremo Sul. Vilarinho ainda não era um poeta, mas tinha talento para sê-lo se tão cedo não desistisse de viver.

Vinte e seis anos

Dionísio Vilarinho

Vinte e seis anos... Vinte e seis mil passos
à procura de um bem, de uma ilusão!
Vinte e seis mil soluços de cansaços,
mil preces, mil pedidos... Tudo em vão.

Vinte e seis anos... Trinta mil fracassos...
Trinta mil tentativas de ascensão
sem êxito... Cair de membros lassos,
trinta mil vezes revertendo ao chão.

Já na casa dos meus vinte e seis anos,
curvado ao peso atroz dos desenganos,
sinto os desígnios infernais da sorte.

E assim desiludido, assim cansado,
de minha própria vida, eu, entediado,
evoco e espero com prazer a morte.

★ Amarante – PI, 1921
† Alegrete – RS, 1947

Félix Araújo

Também jornalista e admirado tribuno, o poeta, ainda na menoridade, já mantinha intensa atividade política. Em 1944, suspendeu os estudos secundários para servir como voluntário na FEB e lutar na Itália contra o nazifascismo. Ao retornar, entrou para o PCB e abriu uma livraria, logo incendiada pelos inimigos políticos. Em 1948, afastou-se do partido e retomou o Curso Clássico, que concluiu no ano seguinte, iniciando o curso de Direito em Recife – não conseguiria terminá-lo. Em 1951 foi eleito vereador em Campina Grande, com a maior votação até então registrada no nordeste em uma eleição municipal. Em 1953, após suas denúncias de corrupção contra a administração do município e do estado, foi baleado pelas costas por um funcionário da prefeitura, à luz do dia e no principal logradouro da cidade. Morreu 14 dias depois. A grande maioria de seus poemas foi escrita na pós-adolescência.

MEU CORAÇÃO

Félix Araújo

Meu coração, este país medonho,
em que Deus periclita e o Inferno avança,
tem as florestas negras do meu sonho
e as cordilheiras verdes da esperança.

Doura-o, às vezes, um clarão risonho:
é a crença morta que ressurge, mansa...
Mas sobrevém o temporal tristonho
da dúvida cruel brandindo a lança.

Brilham, no céu, os astros em delírio.
No meu país, de onde fugiu a calma,
brotam, chorando, as rosas do martírio.

Maldito coração, que Deus te açoite!
De que valem os sóis que tenho n'alma
se existe em mim a maldição da noite?

★ Cabaceiras – PB, 1922
✝ Campina Grande – PB, 1953

Obras consultadas

AGUSTINI, Delmira. *Poesías completas*. Montevidéu: Ediciones de la Plaza, 2006.
AMORA, Antônio Soares; MOISÉS, Massaud; SPINA, Segismundo. *Presença da literatura portuguesa*. São Paulo: Difusão Europeia do Livro, 1961. v. I e II.
ARAÚJO, Félix. *Obra poética*. João Pessoa: Editora Universitária/UFPB, 1977.
ASSIS, Machado de. *Crítica e variedades*. São Paulo: Globo, 1997.
BANDEIRA, Manuel, org. *Antologia dos poetas brasileiros: poesia da fase romântica*. Rio de Janeiro: Nova Fronteira, 1996.
BANDEIRA, Manuel, org. *Antologia dos poetas brasileiros: poesia da fase simbolista*. Rio de Janeiro: Nova Fronteira, 1996.
BANDEIRA, Manuel, org. *Antologia dos poetas brasileiros: bissextos contemporâneos*. Rio de Janeiro: Nova Fronteira, 1996.
BITTENCOURT, Dario de. Uma interpretação biotipológica do poeta Francisco Ricardo. *Revista da Academia Sul-Riograndense de Letras*. Porto Alegre, 1951-1. p. 79-117.
CÂNDIDO, Antônio; CASTELLO, José Aderaldo. *Presença da literatura brasileira: das origens ao romantismo*. Rio de Janeiro: Difel, 1977.
CÉSAR, Guilhermino. *História da literatura no Rio Grande do Sul*. Porto Alegre: Editora Globo, 1971.

CIDADE, Francisco de Paula. *Cadetes e alunos militares através dos tempos*. Rio de Janeiro: Biblioteca do Exército, 1961.

COUTINHO, Frederico dos Reys. *As mais belas poesias brasileiras de amor*. Rio de Janeiro: Editora Vecchi, 1950.

DIVERSOS. *Roque Callage*. Porto Alegre: Livraria do Globo, 1932.

DURO, José. *Fel*. Lisboa: Guimarães Editores, 1915.

ESPANCA, Florbela. *Obras completas de Florbela Espanca: poesia 1903-1917*. Lisboa: Publicações Dom Quixote, 1985. v. 1.

ESTRELLA GUTIÉRREZ, Fermín. *Literatura española con antología*. Buenos Aires: Editorial Kapelusz, 1965.

FARACO, Sergio. A morte de Ernani. *Zero Hora*. Porto Alegre, 4 e 18 jun. 2008.

FITZMAURICE-KELLY, James. *The Oxford Book of Spanish Verse*. Oxford: Clarendon Press, 1918.

FLORES, Francisco Moita. As mortes de Antero de Quental: autópsia de um suicídio. *Revista de história das ideias*. Coimbra (13):283-359, 1991.

FREIRE, Laudelino, org. *Sonetos brasileiros: século XVII-XX*. Rio de Janeiro: F. Briguiet, 1913.

GARCÍA LORCA, Federico. *Obra poética completa*. São Paulo: Martins Fontes, 1996.

GONZAGA, Tomás Antônio. *Marília de Dirceu*. Porto Alegre: L&PM, 2007. Síntese biográfica e notas de Sergio Faraco.

GRÜNEWALD, José Lino, org. *Os poetas da Inconfidência*. Rio de Janeiro: Nova Fronteira, 1989.

LOUSADA, Wilson. *Cancioneiro do amor*. São Paulo: Livraria José Olympio Editora, 1950.

LUFT, Celso Pedro. *Dicionário de literatura portuguesa e brasileira*. Porto Alegre: Editora Globo, 1979.
MACHADO, Antonio Carlos, org. *Coletânea de poetas sul--riograndenses*. Rio de Janeiro: Editora Minerva, 1952.
MARTINS, Ari. *Escritores do Rio Grande do Sul*. Porto Alegre: Editora da Universidade Federal do RGS e Instituto Estadual do Livro, 1978.
MELLO, J. Mozart de. Um poeta nietszcheano. *Revista da Academia Sul-Riograndense de Letras*. Porto Alegre, 1951-1952. p. 124-135.
OLIVEIRA, Alberto de. *Os cem melhores sonetos brasileiros*. Rio de Janeiro: Livraria e Editora Freitas Bastos, 1950. Edição revista e atualizada por Edgard Rezende.
PESSANHA, Camilo. *Clepsidra*. Lisboa: Edições Ática, 1956.
PORTO ALEGRE, Manuel de Araújo *et alii*. *Grandes poetas românticos do Brasil*. São Paulo: Editora LEP, 1959. v. 1 e 2.
PROENÇA FILHO, Domício, org. *A poesia dos Inconfidentes. Poesia completa de Claudio Manuel da Costa, Tomás Antônio Gonzaga e Alvarenga Peixoto*. Rio de Janeiro: Nova Aguilar, 1996.
RAMOS, Péricles Eugênio da Silva. *Poesia parnasiana: antologia*. São Paulo: Melhoramentos, 1967.
REZENDE, Edgard, org. *Os mais belos sonetos brasileiros*. Rio de Janeiro: Livraria e Editora Freitas Bastos, 1946.
RODRIGUES, Francisco Pereira. Francisco Ricardo na literatura do Brasil. *Revista da Academia Rio-Grandense de Letras*. Porto Alegre (17):85-94, out. 2002.
QUENTAL, Antero de. *Coração liberto*. Rio de Janeiro: José Aguilar, 1974.

SÁ-CARNEIRO, Mário de. *Poesia*. São Paulo: Iluminuras, 1995.
SCHUMAHER, Schuma; BRAZIL, Érico Vital. *Dicionário mulheres do Brasil*. Rio de Janeiro: Jorge Zahar Editor, 2000.
VALDEZ, Alba. Carlos Gondin: poeta do mísero destino. *Revista da Academia Cearense de Letras*. Fortaleza (29);189, 1956.
VILARINHO, Deonísio. *Música indefinida*. Alegrete: Cadernos do Extremo Sul, 1953.
VILLAS-BÔAS, Pedro Leite. *Dicionário bibliográfico gaúcho*. Porto Alegre: EST & EDIGAL, 1991.
WAMOSY, Alceu. *Poesia completa*. Porto Alegre: Alves Editores, IEL & EDIPUCRS, 1994.

Na internet

http://academia.org.br
http://apoesiadobrasil.blogspot.com.br
http://blog.jornalpequeno.com.br
http://clovisbarbosa.blogspot.com.br
http://clubedapoesia.com.br
http://cpdoc.fgv.br
http://educação.uol.com.br
http://elsonfroes.com.br
http://hoyvenezuela.info
http://letralia.com
http://memoria.bn.br
http://portalresende.com.br
http://projetopassofundo.com.br
http://sopoesiaboa.com.br

http://www.alf-rs.org.br
http://www.antoniomiranda.com.br
http://www.archive.org
http://www.avozdapoesia.com.br
http://www.biografiasyvidas.com
http://www.elsonfroes.com.br
http://www.escritas.org
http://www.jornaldepoesia.jor.br
http://www.los-poetas.com
http://www.mallarmargens.com
http://www.poemas-del-alma.com
http://www.poesi.as
http://www.proparnaiba.com
http://www.sbpcnet.org.br
https://books.google.com.br
https://en.wikipedia.org
https://es.wikipedia.org
https://ronalddecarvalho.wordpress.com
https://www.poets.org
https://www.yumpu.com

O ORGANIZADOR

SERGIO FARACO nasceu em Alegrete, no Rio Grande do Sul, em 1940. Nos anos 1963-1965 viveu na União Soviética, tendo cursado o Instituto Internacional de Ciências Sociais, em Moscou. Mais tarde, no Brasil, bacharelou-se em Direito. Em 1988, seu livro *A dama do Bar Nevada* obteve o Prêmio Galeão Coutinho, conferido pela União Brasileira de Escritores ao melhor volume de contos lançado no Brasil no ano anterior. Em 1994, com *A lua com sede*, recebeu o Prêmio Henrique Bertaso (Câmara Rio-Grandense do Livro, Clube dos Editores do RS e Associação Gaúcha de Escritores), atribuído ao melhor livro de crônicas do ano. No ano seguinte, como organizador da coletânea *A cidade de perfil*, fez jus ao Prêmio Açorianos de Literatura – Crônica, instituído pela Prefeitura Municipal de Porto Alegre. Em 1996, foi novamente distinguido com o Prêmio Açorianos de Literatura – Conto, pelo livro *Contos completos*. Em 1999, recebeu o Prêmio Nacional de Ficção, atribuído pela Academia Brasileira de Letras à coletânea *Dançar tango em Porto Alegre* como a melhor obra de ficção publicada no Brasil em 1998. Em 2000, a Rede Gaúcha SAT/RBS Rádio e Rádio CBN 1340 conferiram ao seu livro de contos *Rondas de escárnio e loucura* o troféu Destaque Literário (Obra de Ficção) da 46ª Feira do Livro de Porto Alegre (Júri Oficial). Em 2001, recebeu mais uma vez o Prêmio Açorianos de Literatura – Conto, por *Rondas de escárnio e loucura*. Em 2003, recebeu o Prêmio Erico Verissimo, outorgado pela

Câmara Municipal de Porto Alegre pelo conjunto da obra, e o Prêmio Livro do Ano (Não Ficção) da Associação Gaúcha de Escritores, por *Lágrimas na chuva*, que também foi indicado como Livro do Ano pelo jornal *Zero Hora*, em sua retrospectiva de 2002, e eleito pelos internautas, no site ClicRBS, como o melhor livro rio-grandense publicado no ano anterior. Em 2004, a reedição ampliada de *Contos completos* é distinguida com o Prêmio Livro do Ano no evento O Sul e os Livros, patrocinado pelo jornal *O Sul*, TV Pampa e Supermercados Nacional. No mesmo evento, é agraciada como o Destaque do Ano a coletânea bilíngue *Dall'altra Sponda / Da outra margem*, em que participa ao lado de Armindo Trevisan e José Clemente Pozenato. Ainda em 2004, seu conto "Idolatria" aparece na antologia *Os cem melhores contos brasileiros do século*, organizada por Ítalo Moriconi. Em 2007, recebe o prêmio de Livro do Ano – Categoria Não Ficção, da Associação Gaúcha de Escritores, pelo livro *O crepúsculo da arrogância*, e o Prêmio Fato Literário – Categoria Personalidade, atribuído pelo Grupo RBS de Comunicações. Em 2008, recebe a Medalha Cidade de Porto Alegre, concedida pela Prefeitura Municipal, e tem o conto "Majestic Hotel" incluído na antologia *Os melhores contos da América Latina*, organizada por Flávio Moreira da Costa. Em 2009, seu conto "Guerras greco-pérsicas" integra a antologia *Os melhores contos brasileiros de todos os tempos*, organizada por Flávio Moreira da Costa. Em 2010, recebe da Secretaria Municipal de Cultura de Porto Alegre o Prêmio Joaquim Felizardo (Literatura) e tem o conto "Dançar tango em Porto Alegre" incluído na antologia universal *Contos de amor e desamor*, organizada por Flávio Moreira da Costa. Em 2014, recebe o Troféu Guri, conferido pela Rádio Gaúcha e pelo Grupo RBS a personalidades que, em suas atividades, promoveram o Rio Grande do Sul no Brasil e no exterior. Seus contos foram publicados nos seguintes países: Alemanha, Argentina, Bulgária, Chile, Colômbia, Cuba, Estados Unidos, Itália, Luxemburgo, Paraguai, Portugal, Uruguai e Venezuela.

Organização:

Poesia
ESPANCA, Florbela. *A mensageira das violetas*, 1997.
DIVERSOS. *Livro dos sonetos*, 1997.
DIVERSOS. *Livro dos bichos*, 1997.
DIVERSOS. *Livro das cortesãs*, 1997.
DIAS, Gonçalves. *I-Juca-Pirama*, 1997.
QUINTANA, Mario. *Antologia poética*, 1997.
CAMÕES, Luís Vaz de. *Sonetos para amar o amor*, 1997.
ANJOS, Augusto dos. *Todos os sonetos*, 1998.
GONZAGA, Tomás Antônio. *Marília de Dirceu*, 1998.
DIVERSOS. *Livro dos desaforos*, 1998.
DIVERSOS. *Livro do corpo*, 1998.
DIVERSOS. *As árvores e seus cantores*, 1998 (com Maria do Carmo C. Sanchotene).
ABREU, Casimiro de. *As primaveras*, 1998.
ALVES, Castro. *O canto das esferas namoradas*, 2002.
VERDE, Cesário. *O livro de Cesário Verde*, 2003.
DIVERSOS. *Livro dos poemas*, 2009.

Ficção
DIVERSOS. *Contos brasileiros*, 1997.
DIVERSOS. *Antologia de contistas bissextos*, 2007.

Crônicas
DIVERSOS. *A cidade de perfil*, 1994.

Ensaios
BILAC, Olavo. *O dinheiro*, 1997.
QUIROGA, Horacio *et alii*. *Decálogo do perfeito contista*, 1999.

Outros
SHAKESPEARE, William. *Shakespeare de A a Z (Livro das citações)*, 1998.

IMPRESSÃO:

Pallotti
GRÁFICA EDITORA
IMAGEM DE QUALIDADE

Santa Maria - RS - Fone/Fax: (55) 3220.4500
www.pallotti.com.br